江西理工大学清江学术文库
高校思想政治工作专项经费　资助出版

新时代中英高校
学生事务管理比较研究

饶先发　郭斓　著

北京
冶金工业出版社
2020

内 容 提 要

本书作者综合马克思主义哲学、教育学、心理学和社会学相关理论，通过文献分析、参与式观察、深度访谈等方法搜集相关资料，结合自身专业背景、英国访学经历和学生事务管理经验，围绕招生就业、资助与心理咨询、德育与学业指导、校园文化建设与校园生活保障等具体工作内容，对中英高校学生事务管理进行比较研究。本书通过总结中英高校学生事务管理的优劣势，提出了促进我国高校学生事务管理发展的可行性建议和构想。

本书可供高校教师，特别是高校学生事务管理工作者及相关研究者阅读参考。

图书在版编目（CIP）数据

新时代中英高校学生事务管理比较研究／饶先发，郭斓著．—北京：冶金工业出版社，2020.12

ISBN 978-7-5024-5667-2

Ⅰ．①新…　Ⅱ．①饶…　②郭…　Ⅲ．①高等学校—学生工作—对比研究—中国、英国　Ⅳ．① G645.5

中国版本图书馆 CIP 数据核字（2020）第 152822 号

出 版 人　苏长永
地　　址　北京市东城区嵩祝院北巷 39 号　邮编　100009　电话　(010) 64027926
网　　址　www.cnmip.com.cn　电子信箱　yjcbs@cnmip.com.cn
责任编辑　张熙莹　美术编辑　彭子赫　版式设计　彭子赫
责任校对　李　娜　责任印制　李玉山
ISBN 978-7-5024-5667-2
冶金工业出版社出版发行；各地新华书店经销；三河市双峰印刷装订有限公司印刷
2020 年 12 月第 1 版，2020 年 12 月第 1 次印刷
169mm × 239mm；12.75 印张；175 千字；195 页
62.00 元

冶金工业出版社　投稿电话　（010）64027932　投稿信箱　tougao@cnmip.com.cn
冶金工业出版社营销中心　电话　（010）64044283　传真　（010）64027893
冶金工业出版社天猫旗舰店　yjgycbs.tmall.com

前　言

高校学生事务管理是人才培养的重要支撑和保障，在高校管理和学生成长中发挥着重要作用。英国高等教育文化底蕴深厚，教学质量较高，在世界高等教育版图上占有重要地位，在久远的历史发展过程中积累了丰富的学生事务管理相关经验，形成了与英国政治、经济、文化体制相适应的相对稳定的学生事务管理工作体系。相比之下，我国现代高等教育起步较晚，但发展迅速，尤其是在改革开放40年的历史大潮中，在新时代环境下，我国高等教育正经历从精英教育向大众教育的历史转变，在学生工作方面也逐渐形成一套独特体系。

作为一名曾赴英国雷丁大学访学三个月，具有16年学生事务管理相关经验的学生工作者，我结合访学所见、所学、所思、所悟，从中英高校学生事务管理内容、模式、理念的异同，从时间的经度和文化的维度对两国高校学生事务管理工作进行探究，以期在理解现状的基础上，面向未来反思借鉴，进一步完善和发展具有中国特色的新时代学生事务管理工作模式。

在文献分析、实地调研考察和学生工作实践的基础上，笔者发现中英高校学生事务管理异同分析必须理顺思想渊源与内外工作现状。因而，本书综合马克思主义哲学、教育学、心理学和社会学相关理论，围绕招生就业工作、资助与心理咨询工作、德育与学业指导工作、校园文化建设与校园生活保障等方面的具体工作内容依次展开比较。

就中英高校学生事务管理比较而言，不能简单地停留在学生事务管理若干表象的对比与分析，盲目借鉴英国高校的某种做法。要在正确认识东西方文化差异、正确认识我国基本国情、正确认识我国高等教育的根本任务、正确认识我国学生事务管理优势的前提下，学习借鉴融合吸收英国学生事务管理的成功经验。他山之石，可以攻玉。本书总结英国高校学生事务管理的可借鉴之处，提出促进我国高校学生事务管理发展的可行性建议和构想，以期丰富我国高校学生事务管理的实践探索，也希望为广大学生事务管理工作者提供参考。

本书作为2020年教育部高校思想政治工作中青年骨干队伍建设项目（教思政司函〔2020〕2号）、2019年国家级大学生创新创业训练计划项目（201910407016）、江西理工大学清江学术文库和江西省高校辅导员“名师工作室”阶段性成果，由饶先发、郭斓撰写，夏晓青、任倩、韩媛媛、尹梦帆、隋明阳、霍曙光、李强、王丹丹、朱健强、韩磊、高存福、于德洋、郭海洋、曾益鹏、郭朝春等老师和“发哥工作室”的同学参与校稿。

在图书出版之际，我深深感谢教育部思想政治工作司和江西省教育厅为我提供了前往英国雷丁大学访学的机会，使我能够赴英国实地考察体验，收集书稿的相关资料。感谢书中所有参考文献的作者们，你们的真知灼见为我开拓了思路，使我加深了认识。

由于作者水平所限，书中不足之处，恳请各位专家学者和同行批评指正。

饶先发

2020年7月

目　　录

第一章　研究缘起及研究现状

第一节　研究背景和研究意义

一、研究背景

在中国特色社会主义迈入新时代之际，习近平总书记高度重视高等教育发展，立足个人、社会、国家和人类四个层面，提出了一系列关于高等教育的新思想、新观点和新论断。在2016年全国高校思想政治工作会议上，习近平总书记就曾指出："高等教育发展水平是一个国家发展水平和发展潜力的重要标志。"继而强调，"高校立身之本在于立德树人。只有培养出一流人才的高校，才能够成为世界一流大学。"[1]

高等教育是以高等学校为主要机构，对学生进行专业知识教育和职业能力培养的一种社会活动，在为国家进行人才培养、科学研究、社会服务和文化传承创新等方面发挥了重要作用。人才培养是高等教育的一项主要职能，发挥着根本性和主导性作用。高等学校的人才培养工作主要通过学术事务（academia affairs）和学生事务（student affairs）进行，两者以双轨并行或交叉进行的方式，共同完成高校人才培养工作。本书主要研究的是后者，即学生事务管理工作（对应我国高校的学生管理工作）。

中世纪中期后，欧洲中世纪大学兴起，其中就包括英国的牛津大学和剑桥大学。英国高等教育因起步时间早、民众重视程度高、高校自治权受保障等原因，逐渐完成了精英教育向大众教育的华丽转变，在世界的高等教育中广受赞誉。八百多年的高等教育发展，英国高等教育产出了世界上6%的科研论文，其中16%的论文为高频引用论文，铸就了两所排名世界前十的顶尖名校。2015年英国政府推出“学位学徒制”项目，将“学徒教育”与“学位教育”紧密结合，实现了职业教育的崛起。作为英国高等教育系统的强大支柱之一，英国学生事务管理独树一帜，在发展进程中积累了丰富经验，实现了开放性、包容性和创新性的统一，成为高等教育管理体系中的重要组成部分。

我国高等教育虽起步较晚，但随着经济发展与社会进步，党和国家对高等教育的重视程度不断提升，实现了在学术管理和学生事务管理等方面的“弯道超车”。作为学校政治工作的“子部分”出现的高校学生工作也在实践中逐渐深入，经验日趋完善。自1999年我国实行普通高校本专科院校扩招政策后，我国各高校学生人数激增。我国青年学子思想观念在时代转变、机制转轨、社会转型的大潮中，呈现出鲜明的独特性与时代性。但学生管理队伍建设滞后、师资不足、高校负债运行、学生就业压力大等问题也接踵而至。中国高校学生工作面对高等教育发展的新要求和新挑战，应该如何做出适应性转变，发挥应有作用，成为亟待解决的问题。

习近平总书记曾强调：“我国有独特的历史、独特的文化、独特的国情，决定了我国必须走自己的高等教育发展道路，扎实办好中国特色社会主义高校。”[1]英国高校学生事务管理与我国高校学生事务管理的指导思想、发展历程和服务对象等方面都有所不同，但反映一般规律的问题解决和方式手段是相通的。本书试图通过对中英高校学生事务管理的发展历程、管理理念、队伍建设、招生就业、德育工作、学业指导、校园文化建设、学生生活保障等方面进行系统分析与比较，梳理出各自优劣势，研究和借鉴英国高校学生事务管理的经验和做法，以推动我国高校学生事务管理的创新和发展；尝试探索适合我国高校学生事务管理的中国特色社会主义工作模式，从而更好更快地推动我国高等教育的大众化和国际化进程。

二、研究意义

从中英的比较视角来研究高校学生管理工作，既是对我国高校学生工作理论与实践契合的寻求，又是突破传统学生工作理论框架的尝试性工作，这一研究具有如下意义。

（一）学术意义

一是推进我国高校学生工作的理论创新。通过梳理中英两国高校学生事务管理的现实与理论基础，对比两国高校学生事务管理的指导思想，推进我国高校学生事务管理研究的理论创新。

二是丰富我国高校学生工作的研究视角与方法。利用交叉学科研究法和比较分析研究法，借鉴和吸收政治学、组织学、管理学、社会学等学科的理论成果，加强对中英高校学生事务管理的整体性研究。对不同时期进行纵向比较研究，将中英高校学生事务管理的现状和演进历程进行比较，总结历史经验特点；通过横向比较研究，对当前同时期的中英高校学生事务管理进行比较及现实反思，以期达到丰富研究视角与方法的效果。

（二）现实意义

一是总结经验，择善而从的需要。随着英国高等教育改革不断深入和发展，英国高校学生事务管理出现了许多新变化和新趋势。我国高校学生工作如何借鉴英国高校学生事务管理中的优秀做法，如何继续推广我国学生工作的优良做法，如何适应高等教育大众化阶段的特点，这些是本书将要重点论述的问题。

二是直面现实，解决问题的需要。近年来，我国高等教育的内外环境发生了深刻变化。高校学生工作如何有效地完成新时代的历史使命，成为亟待解决的问题。通过对中英高校学生事务管理工作的梳理与研究，解决现实问题，给高校学生工作者提供参考借鉴。

第二节　国内外研究现状

目前国内外关于中英高校学生事务管理比较的专题研究屈指可数。国内对中国高校学生工作的研究较多，多集中于大学生思想政治教育、大学生党建团建和学生管理工作等领域；对英国高校学生事务管理的研究多集中在英国高校考察后的感想实录上，部分国外高校学生事务管理模式研究对英国高校稍有涉猎，但也只是“蜻蜓点水”。而英国对我国高校学生工作研究几乎处于空白状态。

一、国内研究现状

（一）英国高校学生事务管理研究

目前关于英国高校学生事务管理的系统研究较少，对英国高校学生事务管理的理念分析不够深入，且没有足够的样板和典型以供更多的经验推广。

最早的是学者吴亚玲2005年发表在《中国高教研究》上的论文《英国高校学生事务概况及启示》（2005年第5期），她以英国诺丁汉大学、格林尼治大学、莱斯特大学的学生事务为个案进行研究，阐述了英国高校学生事务的管理体制、管理模式、服务范围及主要特点，对我国学生工作提出了改进建议。2009年后，相关研究成果逐渐增多，在2011年和2014年出现两个小高峰。比较有代表性的有：北京航空航天大学吴惠和华北电力大学汪庆华的《英国高校学生事务管理考察及启示》（载于《思想教育研究》2008年第10期），指出英国学生事务管理以学生为中心、以法律为基石，为我们了解英国学生事务管理工作提供了重要借鉴意义；北京师范大学王洛忠和中国传媒大学陈江华的《服务与支持：英国雷丁大学学生事务管理体系探微》（载于《教育研究》2017年第2期），以英国雷丁大学为个案进行研究，提出我国学生工作要走向精细化和法治化[2]。此外，还有哈尔滨理工大学孙立军的《英国高校学生事务工作的基本情况及启示》（载于《思想政治教育研究》2009年第1期）、东北师范大学王占仁的《英国高校学生事务“一站式服务”的理念与实践》（载于《思想教育研究》2010年第6期）也对该问题进行了详细论述。在专著方面，关于英国高校学生事务管理的研究较少，比较有代表性的仅有冯刚、赵锋的《走进英国高校学生事务管理》（2008年出版），该书“初步但也比较系统客观地介绍英国高校学生事务管理工作”[3]，对英国高等教育的历史发展脉络、管理体制变革、高校学生事务管理理念、内容等方面都进行了翔实的介绍，特别在就业指导、心理咨询、经济资助、校园文化、网络管理、学生工作队伍建设、学业咨询等方面进行了系统论述。

总之，学者对英国高校学生事务管理理念如何融入中国高校学生事务管理的说明还比较模糊和牵强，更多停留在运用相关理论帮助读者理解英国高校学生事务管理，操作层面的指导性则有待加强。

（二）我国高校学生事务管理研究

目前我国高校学生工作的研究成果远远多于英国高校学生事务管理的研究成果。近年发表论文趋势较为稳定，在2010年呈现出一个小高峰。文章多集中于思想政治教育、资助工作、宿舍管理、学工队伍建设等不同维度的专题研究，且实证研究和个案研究不断涌现。比较有代表性的有：北京大学李红和河北大学李雪凝的《我国高校学生工作与学生发展的关联性——实证研究发现了什么》（载于《高等教育研究》2011年第8期），以北京大学为个例进行实证研究，提出我国高等教育界要对“二元”培养体制进行深刻反思，进一步明确高校学生工作的角色定位，构建更加完善的高校学生工作体系[4]；南华大学刘配欢和李望平的《我国高校学生工作研究十年回顾与反思》（载于《当代教育论坛》2006年第3期）对1994年至2004年的中国高校学生工作发展展开研究，指出相关研究应该更多地从高等教育及高校自身发展需要层面去剖析，走出思想政治教育（德育）研究的传统范式；浙江树人大学时长江的《试论我国高校学生管理专业化及其制度保障》（载于《中国高教研究》2005 年第 11 期），提出要根据人力资源管理理论建立和完善高校学生管理制度；华东理工大学沈炜的《论学校社会工作嵌入我国高校学生工作的体系构建》（载于《华东理工大学学报》2012 年第 6 期），提出可以充分利用社会工作与高校思想政治教育之间的互补关系，对高校辅导员进行角色重塑，将高校学生工作的相关功能进行延伸[5]。

图书著作也出现研究热潮，成果颇丰。如漆小萍、唐燕等编著的《高校学生事务管理》（2005 年出版）着重探索了学生管理工作中全新的思路、方法和途径，对新时代背景下推进高校学生管理工作的发展具有启迪性。学者陈春莲所著《基于认知理论的新时期高校学生事务管理模式研究》（2016 年出版），从新时代大学生群体的认知结构和相关特征入手，深入分析了大学生对于学生事务管理的认知与需求现状，建构了一种符合大学生认知特点、发展规律和发展需求的新模式。学者冯培所著《中国高校学生事务管理模式创新》（2009 年出版）提出了针对我国高校学生事务管理的组织变革新框架[6]，在模式构建上独树一帜，给予了相关研究者充分启示。童文胜的《高校学生事务管理工作典型案例评析》（2017 年出版），选用了 30 篇在岗辅导员的优秀工作案例，进行了系统梳理和评析。王增国编著的《现代高校学生事务管理理论及案例研究》（2011 年出版）进一步阐释了高校学生事务管理的价值、公平性和人文性[7]。此类著作还有李兰、郝希超、原平著《高校学生事务管理模式创新与实践》（2019 年出版），孙小龙、沈红艳、江玲玲著《国际视野下高校学生事务管理发展研究》（2019 年出版），黄丹丹著《新时期高校学生事务管理工作探索》（2019 年出版），陈金祥著《高校学生事务管理理论与实务研究》（2019 年出版），潘雪义著《新时代高校学生事务管理研究》（2019 年出版），向小兵著《新时期高校学生事务管理研究》（2017 年出版），李德全著《高校学生工作科学发展理念研究》（2014 年出版），陈建香著《高校学生工作科学化研究》（2011 年出版）等。童静菊所著《高校学生工作体系研究：基于生本理念的思考》（2009 年出版），从生本理念出发，对我国高校学生工作的思想渊源、理论基础、演变历程、政策支持、队伍建设和评估体系等进行了梳理[8]。关于我国学生工作的重点内容——大学生思想政治教育，也出版了大量相关著作，如顾海良《高校思想政治教育导论》（2010 年出版），教育部社会科学与思想政治工作司《思想政治教育学原理》（1999 年出版）等专著，为我国高校思想政治教育工作奠定了坚实基础。

译著的大量出现丰富了我国学生工作的理论支撑与发展。如美国布利姆林等著，储祖旺等翻译的《良好的学生事务实践原则促进学生学习的视角》（2013 年出版）；美国温斯顿等著，储祖旺、胡志红等翻译的《学生事务管理者专业化论》（2010 年出版）；美国费郎西斯·斯特奇、迈克尔·达内尔斯著，游敏惠、杨德山、高黎平翻译的《理论联系实际高校学生事务工作案例研究（第 2 版）》（2010 年出版）。

关于学生工作者队伍建设，有柏杨著《改革开放以来高校辅导员队伍建设研究》（2018 年出版）、毛建平著《"互联网 +"时代高校辅导员队伍建设研究》（2017 年出版）、贝静红著《高校辅导员队伍专业化发展研究》（2016 年出版）、江沈红著《高校辅导员教师身份内涵及身份实现路径研究》（2016 年出版）等这些著作系统梳理了我国辅导员队伍建设的发展历程，对我国辅导员队伍的现状和不足之处进行了分析，尝试探讨我国高校辅导员队伍建设的优化路径。

（三）中英高校学生事务管理比较研究状况

总体来说，中英高校学生事务管理的研究对象大多集中于学生事务管理的工作内容，进行理论提升研究的文章不多。主要有西南民族大学郭镭的《中英两国高校学生事务之比较》（载于《西南民族大学学报》（人文社会科学版）2011 年第 3 期）介绍了英国高校以学生为本的工作理念和专业化的学生服务体系，并提出了一整套适合中国国情的优势做法；中南大学徐艳国的《中英高校学生工作队伍建设比较研究》（载于《思想理论教育导刊》2008 年第 9 期）梳理了英国高校学生工作队伍建设的特点，提出了加强我国高校学生工作队伍建设的思考；以及湖南农业大学许姝和国防科技大学肖湘江所著《中英两国高校学生工作队伍建设的比较及其启示》（载于《当代教育论坛（综合研究）》2010 年第 12 期）等。

在专著方面，关于中英高校学生事务管理比较的专题研究只有于冠华著《中英高校学生事务管理比较研究》（2019 年出版），该书应用了组织结构学、综合教育学与法学的知识，对中英高校学生事务管理的基础、目标与职责、途径与方法、机制与队伍、保障与评价进行了比较评价，得出了可行性建议，研究成果较为丰富。还有部分专著涉及高校思想政治教育比较，如陈立思的《比较思想政治教育》（2011 年出版），刘沧山的《中外高校思想教育研究》（2008 年出版），王玄武的《比较德育学》（2006 年出版）等，将英国的德育教育与我国思想政治教育进行比较。然而大部分学者倾向于展示比较得出的结论，对我国各高校开展学生工作的实践经验和遇到的实际问题分析不够，关于如何指导我国学工队伍建设、机构调整、工作方法等未充分展开。

近年来，中英相关比较研究受到了广大学者的关注，但中英高校学生事务管理比较研究略显空白，仍大有可为。中英比较研究较少，且鲜有佳作的原因主要有两个：一是实践工作者缺少相关理论支撑、学科背景和政策推动，易浮于学生事务本身经验总结而无法深入进行规律性的认识提炼；二是理论研究者缺乏对该领域的关注度和学生工作的实践经验，易浮于理论层面而无法深入进行实践分析研究。加之很多高校学生工作人员和辅导员即使认识到该领域的学术研究价值，具有一定实践经验和理论支撑，也可能因身陷冗杂的事务管理，分身乏术，没有足够的时间和精力开展研究。

二、国外研究现状

目前国外关于中英高校学生事务管理比较以及英国对我国高校学生工作的研究资料几乎处于空白状态。英国对本国高校学生事务管理的研究主要集中在心理咨询、就业指导等内容的专题研究上。

（一）国外研究现状

关于英国高校学生事务管理：在 JSTOR、SCI-HUB、Z Library、Pro Quest、Springer Link 和 SAGE 中进行检索，未发现以“British University Student Affairs”为主题的相关研究论文。在外文期刊“Journal of Student Affairs Research and Practice”“Student Affairs Today”“New Directions for Student Services”中发现少量有关学生事务管理的研究，但主要以美国为主，未发现有关英国的相关研究。

在 JSTOR 中以“student affairs”进行模糊检索，共有 25 篇低度相关文章，仅有 2 篇有关英国的文章（1 篇为英国学生的政治问题研究、1 篇为政治动荡区域学生保留问题研究），没有硕士和博士论文；以“student service”“student management”“student support”为主题查询没有任何与英国相关的文章。在 Pro Quest 中进行检索，以“student affairs”为主题查询有 2 篇相关博士论文（《英美学生事务管理者能力及个人发展机会比较》《北达科他州大学系统内学生事务专业人员的专业发展需求》）；以“student service”为主题查询有 1 篇相关文章，没有硕士和博士论文；以“student management”为主题查询有 1 篇相关文章，但与上一检索文章重合；以“student support”为主题查询没有任何相关文章。在 SCI-HUB、Z Library、Springer Link 和 SAGE 中进行检索，以“student affairs”“student service”“student management”“student support”为主题查询没有任何与英国相关的文章。以“psychological counseling”（心理咨询）、“career planning”（职业规划）、“financial assistance”（经济资助）、“learning support”（学业支持）、“accommodations service”（宿舍管理）和“The student union”（学生会）等学生事务管理的专项内容为主题，在 JSTOR、SAGE、Pro Quest 和 Springer Link 中进行检索发现数千篇相关文章。这说明国外研究较少将英国高校学生事务管理的各项内容放在一起进行整体研究，而倾向着眼于某一主题，进行深入、系统的研究。

（二）对中国学生工作及中英高校学生事务管理比较的研究

目前关于中英学生事务管理比较方面的资料几乎处于空白状态。在 SCI-HUB、Z Library、JSTOR、Pro Quest、Springer Link 和 SAGE 中进行检索，以“A Comparative Study of Chinese and British University Student Affairs Management”为主题没有任何相关文章，以“student affairs”“student service”“student management”“student support”为主题查询没有任何中国学生工作及中英学生事务管理比较的相关文章。

三、分析和评价

从目前掌握的资料来看，有关中英高校学生事务管理的研究主要关注点在于中国高校学生工作经验总结和实践方面的研究，特别是专题研究视域下的高校学生工作实践探索。单从相关研究论文的数量来看，研究中国高校学生工作的论文大大超过研究英国高校学生事务管理的论文。中英高校学生事务管理研究缺乏系统性，显得较为薄弱且碎片化，特别是从比较视角进行的研究更是几乎空白。

（一）基础性研究有待深入

有关高校学生事务管理的基本理论，特别是中英高校学生事务管理的理论考察还不够系统。这需要对中英高校学生事务管理的形成与发展进行系统梳理，应当将其置于区域内的社会、经济、文化和政治中去考量，把问题当作一定历史条件下的历史过程去研究。习近平总书记在谈及科学的思想方法和工作方法时，多次提到要“善于学习”和“深入调查研究”。因此，应结合当前面临的国际国内形势，回溯历史，总结经验，进一步全面地思考中英高校学生事务管理。

（二）研究视野有待向实际案例延伸

关于中英高校学生事务管理的研究多集中在制度建设、队伍建设和基本方法等方面，大部分研究视域较为狭窄，有待延伸。如有学者提及了国家政体和历史背景的差异决定了中英高校学生事务管理的差异，但是鲜有学者就此方面展开历史时间轴上的纵向比较研究。突破当前学界对中英高校学生事务管理进行理论研究的普遍现状，利用实例进行验证分析，从更加广阔的视野认识和把握中英高校学生事务管理，将两者联系起来进行系统性研究，将有利于拓宽新时代背景下的中国学生工作发展。

（三）相关研究方法有待整合

从中英高校学生事务管理的研究历程看，高校学生事务管理首先集中于政治学、社会学、管理学、心理学等领域，理论成果亦如此。光从教育学角度研究这一问题，明显不利于对中英高校学生事务管理的全面了解，就中英高校学生事务管理的发展历程研究而言，必然涉及组织学、历史学等学科。因此，借鉴和吸收政治学、社会学、组织学、管理学等学科的理论成果，对深化本研究具有重要意义。

第三节　研究内容和研究方法

一、研究内容

在文献分析、实地调研考察和学生工作实践的基础上，笔者发现中英高校学生事务管理异同分析必须理顺思想渊源与内外工作现状。因而，本书以主要思想、时间及具体学生事务为主线，对中英高校学生事务管理进行研究。中英高校学生事务管理异同研究包括为什么要进行比较研究？其历史渊源、管理理念、队伍建设、工作内容和方式方法有何不同？中国高校的学生工作在具体实施过程中有哪些优秀案例借鉴，本国优势和特性如何继续发挥？英国学生事务管理工作体系如何充分借鉴，并应用于实践之中？本书共分9章，在这些问题上逐次展开论述，以期在发扬我国既有优势的基础上，取英国高校之精华，促进我国高校学生事务管理发展。

首先本书对研究背景及意义进行了系统梳理，并对高校学生事务、高校学生事务管理、高校学生管理、高校学生工作等词进行概念界定，明晰高校学生事务管理的基本内涵与内容。

利用纵向比较进行不同时期的比较研究，对中英学生事务管理的现状和演进历程进行比较，系统总结中英高校学生事务管理的历史背景与发展历程。将起步较晚的中国高校学生工作分为3个发展阶段，即萌芽期（1949~1977年）、发展期（1978~2000年）和成熟期（2000年至今）。将起步早、体系完整的英国学生事务管理分为初始化阶段（12世纪至19世纪60年代）、转型化阶段（19世纪中期至20世纪60年代）和专业化阶段（20世纪80年代至今）。通过探寻助推中英两国高校学生事务管理现状演进的政治决策、文化支撑、经济发展及高等教育相关体制背景，以及现实角度，展示中英高校学生事务管理体系逐渐完善和发展的清晰脉络。

紧接着，通过关注中英两国队伍建设中的人员组成、人员遴选、考核与职业发展路径，运用管理学和社会学相关知识，进一步完善我国队伍建设。运用唯物辩证法，围绕招生就业工作、资助与心理咨询工作、德育与学业指导工作、校园文化建设与校园生活保障等方面的具体工作内容依次展开研究。我国高校学生事务管理以对学生进行思想政治教育、管理及服务为主要目的，而英国高校学生事务管理则以服务学生为主要目的。综合马克思主义哲学、教育学、心理学和社会学相关理论，分析英国学生事务管理较为开放化、自治化、法治化和国际化的原因，以供借鉴。

最后，归纳总结我国学生工作的独特内容与优势，列举优秀案例以供参考。同时对我国学生工作中的不足进行反思，如学生工作内容过于宽泛、学生工作服务职能异化、学生工作机制不够完善和学生工作制度有待健全等。总结英国高校学生事务管理的可借鉴之处，提出促进我国高校学生事务管理发展的可行性建议和构想。

二、研究方法

（一）文献研究法

文献研究法是指通过调查文献来获得资料，从而全面、正确地了解掌握所要研究问题的一种方法，优点在于超越了时间、空间限制，非常方便、自由、安全，实施起来省时、效率高。本研究涉及中英两国高校学生事务管理的历史发展、演变及现状，需要通过收集、鉴别、整理文献来获得相关资料，形成对事实的科学认识。中英高校学生事务管理的相关资料来自各次会议报告、颁布和实施的制度规范之中。通过对大量文献进行深入解读，可以为研究中英两国高校学生事务管理奠定重要基础。

（二）比较研究法

比较研究法是根据一定标准，对两个或两个以上有联系的事物进行考察，寻找其异同，探求普遍规律与特殊规律的研究方法。比较法是人们认识客观事物的重要方法，也是思想政治教育、管理等学科专业研究的基本方法之一。本书通过对中英两国高校学生事务管理的理念、职责、机制、队伍、保障等方面进行比较和分析，找出其中的差异和各自的特点，期待能从英国的教育经验中有所借鉴。本书在框架上采用了区域研究、专题研究和个案研究相结合的形式，在具体问题的分析比较中，也包含了历史研究和问题研究的形式。

（三）个案研究法

个案研究法是认定研究对象中的某一特定对象，加以调查分析，弄清其特点及其形成过程的一种研究方法。本书在中英两国各选取几所学生事务管理较为完善，且具有一定代表性的高校开展深入研究，以求对两国高校学生事务管理进行较为全面的展示。

第四节　相关概念界定

“学生事务”和“学生事务管理”是典型的英国教育领域的概念，本书为了进行中英学生事务管理的研究与比较，首先对涉及的不同国情下使用的相关概念和术语进行界定。

一、中国的学生工作和学生管理

在我国高校发展的不同历史时期，“学生工作”的内涵有所不同。从 1949 年新中国成立初期，全国统一高校管理，一直到“文化大革命”结束这段时间里，高校学生工作统称为“学生政治思想工作”，主要任务是对学生进行思想政治教育。改革开放后，学生工作的内容逐渐增多，主要集中在“学生教育”和“学生管理”两方面。“学生政治思想工作”逐渐被改为“学生思想政治教育”（德育）。改革开放以后，高等教育向着大众化发展，除了本身的教育性、政治性、社会性特点外，也具有创新性、开放性、自治性、国际性以及民族性的特点，肩负了培养高素质人才的使命。高校学生课外事务日渐增多，高校学生工作也开始涉及心理指导、就业指导、勤工助学等方面的“学生管理”事务。

二、英国的学生事务管理工作和学生管理

英国高等学校的人才培养工作主要通过学术事务和学生事务进行。其中学生事务涉及高校学生的方方面面。因为高校在履行教学、科研等基本职能外，还需要为学生提供有效的服务，更加凸显高校社会功能。可以说，学生服务是高校学生事务中的第一要务，不仅需要为学生提供学术事务方面的服务，同时还应该包括学校宣传、招生、入学指导、

住宿、安全管理、社团活动、行为管理、创业就业指导等非学术事务。

三、两国概念的联系及区别

学界学生工作的部分研究者受英国学生事务研究的影响，认为在我国语境下，高校学生事务管理与高校学生工作的内涵及内容大致相同,国家不同,名称不同。如学者赵平就曾把“学生事务”和“学生服务”都译为“学生工作”，并认为各国学生事务管理，从工作的对象、性质、内容和范围上来看都与我国的高校学生工作类似。随着高校学生事务的发展，学生事务管理的概念为众多学者及高校工作者所关注。目前，国内外对这一概念还未形成相对统一的表述，大多数学者认为其应该包括在学校涉及的一切非学术性组织活动。学者蔡国春多次在论文中提及这一词的概念界定，他指出可将学生事务管理和学生工作定义为高等学校通过非学术性事务和课外活动对学生施加教育影响，以规范、指导和服务学生，丰富学生校园生活，促进学生成长成才的组织活动。漆小萍等认为，学生事务管理主要是对学生非艺术性活动和课外活动的组织指导和管理，包括学生文体活动、勤工助学、心理健康、纪律管理、就业指导等。

第二章　中英高校学生事务管理的历史嬗变

中国长达千年的科举制度于1905年废除。1898年建立的京师大学堂，是中国第一所真正意义上的大学，距今仅有120余年的历史。民国期间，中国高校发展迎来第一个小高峰。紧接着是动荡的抗战时期，众多高校相继搬迁、撤并，发展举步维艰。新中国成立后，由国家统一管理高校，对高校的建立和发展起到了积极作用。但十年“文化大革命”一度阻碍高校发展，高校发展基本停滞。改革开放后，国家高度重视高等教育，我国学生工作日趋健全。但就目前来看，中国高校学生工作与英国相比还有很大一段距离。

自英国的第一所大学——牛津大学在12世纪建立以来，英国高校经历了800多年的发展，经历新大学运动、独立大学设置等改革，英国的高等教育在世界高等教育界广受赞誉。英国高校学生事务管理在高校历次变革中不断发展演变，最终形成了目前的专业化发展架构。现在，英国有许多国际一流的大学，拥有世界上最优质的高等教育资源，其学生事务管理构建了与教学联动的内外机制，将以人为本的理念落到了实处，建立了“一站式”学生服务平台。

中英两国的国情、社会环境、政治经济发展存在差异，铸就了两国高校学生事务管理不同的发展历程。本章主要对中英两国高校学生事务管理的社会文化背景与发展历程进行对比。

第一节　中国高校学生事务管理的历史嬗变

中国古代儒学文化教育发达，有稷下学宫、太学、国子监、书院等集讲学、著述、议政于一体的高等学府，曾经是世界上高等教育最发达的国家之一。然而，这些高等教育的封建色彩过浓，早已不符合社会发展。现代定义的高等教育“不是中国古代高等教育的自然延伸和发展，而是在西学东渐潮流的冲击下，在中国近代社会发生深刻变革的基础上产生和发展起来的”[9]。

1840 年第一次鸦片战争爆发，外国列强用坚船利炮撞开古老中国的大门。带有殖民扩张色彩的教会学校大量涌现，如澳门马礼逊学堂、上海徐汇公学、福州格致书院等。至 1899 年，此类学校多达 2000 余所，一些学校升格为大学，中国高等教育事业的发展为外国人所掌控。为巩固清政府统治，抵御外敌，洋务派提出“中学为体，西学为用”的教育思想，开设新式学堂，改变了封建中国以文为主的传统教育内容，课程设置和教学制度均借鉴西方国家，加入学生实践和实习等教学内容，开创了中国近代及留学教育的先河。1898 年，光绪帝批准《请开学校折》，开设京师大学堂，这是中国第一所真正意义上的大学。随后，1902 年和 1904 年分别执行、颁布的《钦定学堂章程》和《奏定学堂章程》，合称癸卯学制，成为中国近代教育史上第一个全国公布实行的学制体系。虽然当时学制改革已初具规模，但学制时间过长，且带有不允许女子入学、经学教育比重大等明显的封建教育烙印。1905~1906 年，从中央到基层的教育行政体制建设已经完成，随着科举制的废除，以科举教育和书院制度为主的封建教育走向衰落，近代高等教育逐渐萌芽。

1911 年，辛亥革命爆发后，封建教育随清王朝的覆灭走向终结，近代高等教育迎来新生。民国时期的社会极为动荡不安，政府无暇管制大学发展，蔡元培等教育家开始致力于建设充分自治、学术自由的现代大学。1912年壬子癸丑学制的实行将大学年限缩短为6~7年。平民教育思潮、工读主义教育思潮、实用主义教育思潮、勤工俭学运动、科学教育思潮及国家主义教育思潮相继涌现，对中国向外国教会收回教育权、促进教育系统化建设起到了巨大作用，也进一步推动了高等教育发展。20世纪20~30年代，在“战时须作平时看”的方针指导下，中国高等教育在战火中艰难前行，相继创立清华大学、浙江大学、上海大学、红军大学等一批高校。但随着抗日战争爆发，各大高校进行迁移或调整，高等教育一度严重受挫。综上所述，可以看到在新中国成立前，由于战乱及封建教育思想的影响，中国高等教育大多集中于学校创建、体制改革和日常教学方面，真正意义上的学生工作和学生工作队伍尚未出现。

新中国成立后，中国高校学生事务管理发展可以分为以下三个阶段。

一、萌芽期（1949~1977年）

新中国成立后，我国高等教育体制也像政治建设和经济建设一样，全面仿照苏联模式，对高校进行统一管理，“高校变成政府计划执行和具体操作的机构”[10]。在百废待兴时，由国家来主导对高等教育是一种良好的恢复，特别是《中国教育改革与发展纲要》和《高等教育法》等纲领性政策的出台，对高等教育发展起到了积极推动作用。中国高校从自由发展模式进入了规范化的改造过程，教育内容、目的、指导方针、管理体制都开始随着国家体制向社会主义方向进行过渡。1961年《中华人民共和国教育部直属高等学校暂行工作条例（草案）》（简称“高教六十条”）颁布后，由校长负责、行政系统为主的学生工作逐渐变成党委负责制的“一元化”领导管理体制，领导、负责以及实施都是由党的系统完成。此时，高校学生工作主要是学生思想政治教育工作。各大高校都必须组织学生学习国内外形势及党的路线方针政策，以及组织党员、团员过组织生活，监督学习纪律，学生事务管理的政治作用逐渐凸显。

这一时期，我国的高校学生工作模式为“教育—管理”模式，工作职能以思想政治教育为主，以一些生活、纪律方面的约束和国家补贴等发放工作为辅。辅导员制度在这时初步建立，为高校学生工作日后独立发展奠定了一定的基础。

1952 年教育部颁布《关于在高等学校试行政治工作制度的指示》，建立了政治辅导员制度，政治辅导员这一角色登上高校学生工作的舞台。1958 年教育部颁发了《关于处理高等学校学生转专业、转学、休学、复学、退学等问题的规定（草案）》，对高校学生学籍管理做了详尽的规定。1961 年颁布《中华人民共和国教育部直属高等学校暂行工作条例（草案）》，这是我国第一个完整的高校行政法规，总结了新中国成立 12 年来我国高等教育取得的显著成就与其中存在的一些问题。其依据是毛泽东同志提出的“我们的教育方针，应该使受到教育者在德育、智育、体育几方面都得到发展，成为有社会主义觉悟的有文化的劳动者”[11]。

1961 年 9 月《中华人民共和国教育部直属高等学校暂行工作条例（草案）》批准试行，条例中针对思想政治工作，提出要在高等学校的一、二年级设置专职政治辅导员。1965 年 3 月 1 日，高等教育部政治部要求各直属高等学校建立政治部，并大力充实政治工作队伍。同年，《关于政治辅导员工作条例》出台，确立了政治辅导员的地位和作用。至此，全国各类高校普遍建立了政治辅导员制度。这是我国辅导员制度的早期形式，其组织关系为高校党委和系党总支分别下设学生工作分管副书记，主要的任务是领导、管理学生工作队伍。分管副书记和辅导员共同构成了学生工作队伍，学生工作的主要任务由辅导员来执行完成，但此时仍没有设立专门的学生事务管理机构。

“文化大革命”爆发后，高校教师等一系列知识分子成为革命批斗的对象，与高校有关的一切制度都被废止，其中也包括了学生工作。这使得萌芽不久的高校学生工作在这一时期处于全面停滞的状态。“文化大革命”期间，是“政治挂帅”风行的年代，高校也把政治放在首位，使得政治思想工作凌驾于一切工作之上，高校的学生工作主要是进行政治教育及相关活动。这一时期高校学生工作政治色彩浓厚，管理方式较为单一，且没有设置独立、专门的机构负责此项工作。

二、发展期（1978~2000年）

20世纪80年代末至20世纪末，是学生工作体制的恢复与调整阶段，也是学生工作内涵丰富与发展的阶段，其主要任务是思想政治教育与学生管理。

我国高考制度于1977年恢复，在1978年党的十一届三中全会胜利召开之后，党的工作重点转移到了社会主义现代化建设上，确立了当时我国的中心任务是发展社会生产力，以解决人民日益增长的物质文化生活需求同落后的社会生产力之间的矛盾。改革之风为我国各行各业的发展带来了生机。1978年我国颁布了《全国普通高等学校暂行工作条例》，要求建立一支专门从事学生思想政治工作的队伍，在低年级中设立政治辅导员，主要对学生开展思想政治工作。至此，高校政治辅导员制度又重新出现在高等教育的历史舞台上。1978年，中国共产党第十三次全国代表大会系统地阐述了社会主义初级阶段的理论，1979年，我国确立了社会主义市场经济体制，高等教育以培养社会主义现代化的建设者和接班人为目标，深化高等教育改革成为时代的迫切要求，由此学生工作的机制、内容和队伍都得到了复兴和发展。

在管理机制方面，“文化大革命”后，教育教学秩序逐渐恢复，学生工作也逐步确立了相对独立的地位。20世纪80年代初，各高校相继成立专门负责学生思想政治工作的工作机构，即学生工作部或青年工作部，依然采取党委领导和负责的“一元”管理制度。

对外开放后，学校开展坚持“四项基本原则”教育，同时加强对学生进行人生观和道德观教育。把思想政治工作与解决实际问题结合起来，建立班主任制，专职学生政工干部与兼职政工人员相配合。这个时期，部分高校开始面向全体学生开展学习、健康、心理和法律等咨询服务，咨询中心纷纷成立。学生事务管理的工作机制和管理系统不断规范化、科学化和人性化。

1995 年 11 月，国家教委颁布试行《中国普通高等学校德育大纲》，要求高校应在党委的统一部署下，建立、完善校长及行政系统为主实施的德育管理体制。主要内容为：校长对学生德、智、体全面负责；应由一名副校长（可由党委副书记兼任）具体负责德育工作；可成立由党委书记，或校长，或主管学生思想政治教育的副书记，或副校长任组长的学校德育工作领导小组；系（科）也应建立相应的德育工作领导小组。

我国高校学生工作的“教育—管理”模式得到恢复。与此同时，工作内容也逐步得到扩充。强调规范学生的行为习惯，加强纪律约束成为这一时期学生事务管理又一特征，这对于规范学生的日常行为、促进教育管理效果起到了一定的作用。这个时期的“教育—管理”模式主要体现在思想教育和纪律、行为规范上。总的来说，此时的学生处于从属、被动地位，学生的行为和发展都有管理者意愿的痕迹，学生共性的地方表现较多，而个性发展被忽视。

三、成熟期（2000 年至今）

自 20 世纪末开始，我国的政治、经济、文化都进入了大发展的阶段，高等教育改革继续深化。因扩大招生规模，就业人数逐年增加，就业压力不断增大。经济困难学生也随之增多，这就意味着需要建立完善的“奖、贷、助、减、免”的资助体系。大学生思想政治教育、资助政策、就业指导、心理健康教育等学生工作亟待完善。

在这一阶段，学生工作体系与内容日趋完善。高等教育的目标有所调整，2005 年教育部新修订的《普通高等学校学生管理规定》中指出：“高等学校要以培养人才为中心，按照国家教育方针，遵循教育规律，不断提高教育质量；要依法治校，从严管理，健全和完善管理制度，规范管理行为；要将管理与加强教育相结合，不断提高管理水平，努力培养社会主义合格建设者和可靠接班人。”[12]

针对这一培养目标，高校学生事务管理的内容也进一步扩展，涵盖了毕业生就业指导、学生贷款、勤工助学、学生心理咨询、健康教育等更广的内容。学生工作除了德育以及约束和规范学生日常行为的功能外，增加了指导学生和服务学生的功能，“教育—管理—服务”的学生工作模式初步构成。

在引进发达国家高校先进的学生事务管理工作理念和经验后，“以人为本”的教育理念成为高等教育的主流指导思想。继服务职能之后，学生的个体发展成为学生事务管理的又一个关注点，符合国际化要求的“教育—管理—服务—发展”的管理模式得到很多学者的研究和关注，全人发展的理念在各高校学生工作体系中逐渐渗透。与此同时，学生事务管理工作的方法不断创新，高校学生事务管理队伍的建设也成为教育改革的重点，各类相关的办法和意见积极推动了辅导员队伍的成长。2005 年教育部对《高等学校学生行为准则》进行了修订，并颁布了新准则，取消了原准则中“不得”“要”等外在的要求性表述，体现了学生的主体性。

正如道格拉斯·诺斯所说：“制度变迁是理解历史变迁的关键，也决定了人类历史的社会演化方式。”[13] 在制度的变迁中，我们可以看到中国高校学生事务管理体系的不断完善与进步。

第二节　英国高校学生事务管理的历史嬗变

英国高校最负盛名的牛津大学和剑桥大学创建于 12~13 世纪，由此拉开了英国高等教育帷幕。但是由于两所大学为教会控制或师生自发组建而成，缺少国家支持与系统规划，且在 19 世纪 30 年代建立伦敦大学前，英国高等教育仅依赖于牛津大学和剑桥大学两所高校，因此，英国高等教育的发展在 19 世纪前基本处于停滞状态。19 世纪后，英国高校开始进行数量扩张，20 世纪的新大学运动、“一元化”改革等系列改革随之而来，英国高等教育如沐春风，高校学生事务管理取得了长足的发展。英国高校学生事务管理大致经历了初始化阶段（12 世纪 ~ 19 世纪 60 年代）、转型化阶段（19 世纪中期 ~ 20 世纪 60 年代）和专业化阶段（20 世纪 80 年代至今）三个阶段。

一、初始化阶段（12 世纪 ~ 19 世纪 60 年代）

12 世纪至 19 世纪中期，英国大学开始逐渐成立，以牛津大学和剑桥大学为主。12 世纪初，牛津大学创立，其作为英国经院哲学的教学和研究中心，被天主教所控制。1209 年，原牛津大学的部分学者为躲避骚乱，与剑桥镇原有学者建立剑桥大学。剑桥大学及牛津大学分别建立下设学院，学校规模逐渐扩大。受中世纪时期英国宗教及社会发展影响，“教会控制教育是英国历史的一个基本特点”[14]，国家管控退居其次。14 世纪后，众多大学师生在教会或国家政府中担任要职，高校自治登上历史舞台，在学术研究、著书立说、日常管理、学生招生、教职工聘任等各个方面，自治权体现得尤为明显[15]。18 世纪末，英国完成资产阶级革命，进入了资本主义社会，至此，大学不再是任何其他社会部门的附庸，不再被教会和政府管控，实现了真正的大学自治。19 世纪初至 60 年代是英国大学制度改革与扩张阶段。这一时期主要是以批判牛津大学和剑桥大学的保守主义为起点，以伦敦大学的创办和城市大学的涌现为主要标志。

在这一阶段，由于高校发展历经波折，学生事务管理工作的发展几乎停滞。学生事务管理者扮演着父母的角色，当时更多的是教学人员在做此工作，他们既关注学生个人成长、道德修养等，又关注学生学业。学生宿舍配有舍监，舍监也扮演着父母角色。当时的学生年龄参差不齐，且大学与社会常常处于矛盾冲突之中，因此大学采取住宿制，由学校代替家长实行监管职能的“替代父母制”。由于当时学科分化的程度较低，学生事务和学术事务是融为一体的，学生事务管理也是其人才培养的重要组成部分，后来牛津大学、剑桥大学发展形成的“住宿学院制”和“导师制”就是这种形式的进一步拓展和衍生。我们可将这一阶段视为英国高校学生事务管理的初始化阶段。

二、转型化阶段（19 世纪中期 ~ 20 世纪 80 年代）

牛津大学和剑桥大学在 20 世纪才开始招收女生，但是不授予女生学位，男生则必须信仰特定宗教，高等教育阶级化严重。1944 年，英国政府通过了《巴特勒教育法》（又称《1944 年教育法》），提出了高等教育改革要求，为第二次世界大战后发展高等教育奠定了坚实基础。1963 年《罗宾斯高等教育报告》发布，探讨了英国高等教育如何服务社会，建议为愿意接受高等教育并具有一定能力的人提供高等教育，这成为该时期高等教育发展的政策依据和指导方针。60 年代末，开放大学在英国诞生，英国高等教育经历了重要变化。

在一系列改革后，旧有的“二元”体制下的大学与非大学的财政拨款运行以及其他有关经费的程序都整合在同一个机构之内，从而实现了大学与非大学的统一。同时，英国政府还宣布解散全国学位授予委员会，以统一的高等教育体制取代了运行了 20 多年的“二元制”，实现了英国高等教育体制的新融合。

经历这一阶段的高校改革后，高校体制不断健全，学生事务管理也随之普及。1892 年，高校就业指导产生于牛津大学，学生事务管理工作者正式以专业身份进入高校服务领域。19 世纪末至 20 世纪初，随着知识的丰富、学科的发展，科学在大学中的地位获得了极大拓展，教师的重心逐渐转移到发展知识和学术研究上，而无暇顾及学生的课外生活，学生事务逐渐从学术活动中分离出来，成为一项独立的工作。大学逐渐将学生事务管理视作是对学生的支持与服务，仅对大学核心工作——学术事务的支持与补充。专职工作人员指导学生课外活动，承担学生成长咨询，指导学生的行为。“课外活动”的概念出现，社团活动和体育活动备受欢迎。这时，英国开始有专门负责学生事务管理的组织，至 20 世纪 60 年代将学生事务管理设置成了一门专业课程。20 世纪 70 年代，英国的成人法定年龄从 21 岁下降到 18 岁，学校专业服务随之普及。1970 年，英国学生事务工作者协会成立后，英国所有大学的学生事务部门开始成立。

20 世纪 80 年代开始，学生事务部门成为一个职业发展行业，从业者可以从咨询官做起，做到负责人，从而使个人发展空间不断拓展。从过去可能只能做到就业指导中心主任，到后来可做到学生事务部副主任、主任，甚至副校长。这在很大程度上激发了学生事务管理工作者的工作积极性，确保优秀工作者能够坚守岗位，减少了人才流失。这一系列政策的实施，让英国高校学生事务管理工作华丽转型，逐步进入专业化阶段。

三、专业化阶段（20 世纪 80 年代至今）

进入 20 世纪 80 年代后，英国高等教育系统趋于平稳。长期以来，政府直接向大学提供研究经费和投资经费，帮助其开展科学研究并完善设施，并会根据学生人数给予一定的经费支持。为了保证精英教育的进行，英国政府也对大学招生人数进行限制。

为了提升高校等公共部门的责任感和质量，英国高校质量管理工作于 20 世纪 90 年代拉开帷幕，成立了高等教育质量管理委员会，对英国高校教学进行检查。即从各校选派代表，检查其他学校，检查内容包括学术质量和教学质量。现在，英国所有高校对质量检查已经习惯，并定期接受检查。但对 1992 年以前就存在的高校来说，这是一种巨大的变化。要想在检查中取得较好成绩，就必须提升学术科研教学与学生事务管理水平。学生事务管理成为高校举足轻重的一项工作。1995~2000 年，质量检查开始划分为学生考试、学生支持、学生课程进展、质量保证等领域。1997 年质量保证署成立并接管了这项工作。该署与英国高等教育委员会签约开展检查工作，与英国政府关系密切。如果某所高校检查结果不理想，将会降低政府对该高校的拨款额度，或撤销该校资助资格。综合起来，所有大学的所有专业，都接受过至少一次检查。所有高校至少接受过 2 次检查，甚至 3~4 次检查。2001 年开始，新的检查方式称为“QAA”，即每 6 年检查一次。主要开展两方面的工作：一是与重要的工作人员和学生座谈；二是由校方给检查小组提供文件阅读，还要提供学生民意调查并公布。这个全国学生民意调查每年四五月开展，八九月公布。该民意调查针对的对象主要是学校的毕业班学生，通过表格调查学生对课程的满意度。调查结果对每所学校至关重要，可以吸引生源，也可以影响大学排行榜。学生对高校提供的科研教育和事务管理满意程度占很大比例，也促使英国高校学生事务管理的专业化进程加快。

为什么英国如此重视质量保证？首先是英国高校本身愿意为学生提供高质量的课程，培养学生成长成才。其次，英国高校因政府经费划拨少等问题，学生上缴的学费较为昂贵。学费的提高带来了学生和大学角色定位的剧烈变化。过去，上大学是为了受教育，政府给年轻人提供接受高等教育的机会，从而达到提高劳动力素质、促进阶层流动、推动经济发展的目的。现在，上大学更多的像是学生在“购买”高等教育“服务”，因此“以学生为中心”的理念逐渐获得核心地位。在这种理念的影响下，政府希望通过学生事务办公室的设立，为接受高等教育的学生提供更加自由和多元的教育选择权，保障他们能够自主选择高等教育阶段的学校环境、学习内容以及学习方式，以兑现政府对于教育公平的承诺，并满足学习者自身的个性化发展需求。“教育服务”的思想也就深深扎根在教育提供者的理念中，学生作为高等教育的受众，逐渐增加了“消费者”的意识和期待。高校与学生之间形成某种雇员与雇主的商业关系，可以理解为：大学生付费上学，学校就应该树立以学生为中心的教育理念，不断提高教学质量与服务水平，把学生当成客户对待。英国高等教育界一直对“如何提升学生服务工作”存在争论，2002年11月，由各高校校长组成的英国高校联合会提交的一份报告中首次提出“一站式服务”概念。“一站式服务”就是把学生当“客户”，以学生为中心，将分散于校园、为学生提供服务的相关部门集中在一起，进一步提升服务质量，方便学生并丰富其在校经历。英国高校提出的“学生中心”，就是把学生服务放在学生事务工作的中心。其“一站式服务”理念，是英国高等教育界共同形成或达成的理念。目前随着IT行业的发展，学生较为喜欢自助式服务。尽管自助式服务内容越来越多，但依然保留了面对面的服务。因为某些专业性问题是自助式服务解决不了，也替代不了的。

此后，英国高校还将学生服务进行分类分级处理。分类是将学生服务分为以下两类：一类是学生在校期间学校必须提供的服务，如申请入学、注册、上课、学费、资助、毕业典礼等；另一类是学生可自由选择的，非必须的，如心理咨询、就业咨询等。分级处理分为以下四级：初级服务是网上提供信息，学生可自主查询；二级服务是学生进行网络提问，服务人员进行解答；三级服务是学生与服务人员即时互动；四级服务是集中式服务。要实现第四级的集中式服务，需要大学为学生提供服务时有服务前台和服务后台。目前大部分英国高校的学生服务仅仅处在2~3级这个范围内，部分处于3~4级之间。已提供学生中心服务的高校包括南汉普顿大学、格拉斯考大学、曼彻斯特大学、雷丁大学、巴斯大学、伦敦国王学院、伦敦学院大学、利物浦大学、瑟利大学、诺丁汉大学、莱彻斯特大学、赫特福德郡大学、萨塞克斯大学、城市大学和格拉斯哥喀里多尼亚大学等。

回顾英国高校学生事务管理的发展，可以看到英国高校因建立时间早，高校学生事务管理工作取得了长足的发展。在教育改革和检查制度完善中，英国各高校希望营造一个热情服务教学工作的学生事务管理工作集体。该集体根据学生及社会各方面的需求，不断适时调整，给学生提供富于激发性和挑战性的教育经历。在就业指导、心理咨询、学生日常事务管理等各个方面，都具有鲜明的特色和良好的实际效果。专业化的高校学生事务管理工作较好地培养了学生的独立学习能力和适应社会的就业能力，且在辅助教育教学工作中发挥了重要作用，使英国高校的人才培养工作处于世界领先水平。

第三章　中英高校学生事务管理队伍建设

英国高校对学生事务管理工作非常重视，教育理念和教育体制较为完善，通过中英两国学生事务管理队伍建设对比，可以汲取先进经验，完善我国学生事务管理工作队伍建设。

第一节　中国高校学生事务管理工作队伍建设

一、中国高校学生事务管理工作的构成

我国学生事务管理主要构成为学业咨询、就业指导、心理咨询、学籍管理、素质评定、过程管理、招生管理和学生组织管理。学业指导和咨询主要由学术事务管理者负责，其他方面由学生事务管理工作者负责，二者相互协作，完成高校管理与服务工作。当前我国越来越重视以人为本，把尊重人、关心人和发展人作为社会发展的目标。高校作为一个与学生和社会紧密联系的机构，其建设模式也从传统的思想政治教育和刚性管理模式转化为服务学生、关心学生、促进学生成长成才的工作模式。

学生遇到学业及生活问题的时候，一般都是班主任（或辅导员）来进行针对性的解答。每一届新生入学，学校都会集中进行专业教育，通过讲座、汇报等形式介绍专业学习方法和学习内容，并开展多项学

生活动，例如出国指导与交流、大一新生学业规划、大学生科学竞赛等。通过多种方式充分提高学生的学习兴趣，对学生养成良好习惯具有较好的促进效果，使学生能够更快适应校园生活，顺利完成大学学业，成为各行各业的精英人才。

对于心理咨询方面，高校的心理辅导是以预防为主，通过心理咨询中心聆听学生在日常的学习和生活中产生的心理困惑，帮助学生正确认识自身的负面情绪，培养良好的心态。心理咨询中心的建立旨在维护与增进本校在校学生的心理素质，协助学生克服在学习、生活或成长中所遭遇的心理困境，增强个人在逆境面前的应对能力，提高其对社会的适应能力，培养积极向上的人生观，帮助学生更好地认识自我、接纳自我和发展自我。目前我国心理咨询还局限于心理知识宣传和负面情绪的疏导上。一旦学生出现比较严重的心理问题，还是要通过更为专业的医疗机构进行进一步的治疗。我国高校学生心理咨询辅导工作起步时间较晚、专业人员短缺，目前专业化水平有待提升。以江西理工大学为例，该校有在校全日制本科生约 3.3 万人，硕博士研究生 3000 多人，但从事心理健康教育和咨询的专兼职教师不超过百名，存在人员短缺现象。

大学生就业指导是学生事务管理工作中一项非常重要的工作，主要目的是帮助学生明确未来职业的发展方向，提升就业能力。我国目前应届高校毕业生人数激增，就业压力空前巨大。如何让高校毕业生更快地适应社会、适应工作岗位，是现在高校就业指导中心的工作重心。以江西理工大学（本科）和宜春职业技术学院（专科）为例，两所高校的就业指导中心均为学生提供了较为全面的就业服务，随时为学生提供升学、出国留学及用人单位的相关信息；对学生遇到的就业及创业相关问题进行详细的解答和辅导，进行就业讲座和模拟面试，保证毕业生能够获得更好的工作机会，实现自身价值。

招生管理主要是由招生就业处负责。招生就业处的主要工作是招生宣讲和新生咨询工作。学籍管理由学生工作人员每学期对学生返校后的注册、请假、休学和退学等流程进行统计和核实，并向学生处和教务处上报。

过程管理，也就是学生行为规范和纪律处分处理，主要是以学生手册作为指导性文件。该手册主要包括上级文件、学生素质评价办法、国家学生体质健康标准实施办法、校园网络安全管理办法、学校内部治安管理规定、学生住宿管理规定、学生课堂规范、校园文明行为规范、学生经济活动管理条例、学生业余活动管理条例等学生在学校学习和生活的准则。该手册会在新生入学一周内发放，学校会组织学生以讲座的形式进行学习。手册中的纪律处分主要分为警告、严重警告、记过、留校察看、开除学籍五种，学校会根据相关法律法规来判定学生的纪律处分等级。在我国，当学生出现严重的违纪行为时，主要还是由校方出面进行处理解决，只有情况极其严重才会要求警方介入调查。例如像偷窃和打架斗殴等严重违纪行为，一般由保卫处让本院系的学生工作人员进行调查并进行相应处置。由于学生工作人员缺乏相应的刑侦知识和技能，往往只能通过学生对事件的描述进行分析，加上高校普遍存在息事宁人的观念，往往会导致“大事化小、小事化了”的情况发生。在保护学生合法权益和警示其他学生等方面还存在一定欠缺。

高校学生素质评定主要包括综合素质评测和奖学金评定。综合素质评测是对学生全面素质进行量化和定性考核，体现了学校的教育导向性，检验高校育人效果。我国大部分高校主要采取综合素质测评的方式对学生当前学年的表现进行评价，也作为各项奖学金的评定基础。综合素质测评在每学年的开始阶段进行，对学生上一学年的表现进行综合评价，主要内容分为基础性素质和发展性素质。基础性素质主要指的是学生在校期间的德育基本素质、智育基本素质、体育基本素质这些一般素质；发展性素质主要指的是学生在校期间社会工作能力、创新创造能力、科研实践能力、竞技竞赛能力、服务贡献能力、活动拓展能力这些具有实践性和创造性的素质；同时还会根据这些素质来进行奖学金和各类奖项的评定，例如单项奖有三好学生、优秀学生干部、创新之星奖、竞技竞赛能手、突出贡献标兵奖等。除这些单项奖以外，还有集体奖项，例如先进班集体、优良学风班等。

生活服务主要分为宿舍管理、经济资助、公共服务等方面。宿舍管理主要的任务是学生宿舍的安全防范工作、公共环境卫生、宿舍纪律、宿舍家具维修和更新、宿舍卫生检查和评比、日常维护和水电管理等。中国学生一般要求在校内宿舍集体居住，除非有特殊情况，才被允许在外居住。对家庭经济困难的学生进行资助是我国高等教育健康发展的保障，关系到学校社会稳定，体现教育公平。经过新中国成立初期到现在 70 多年的发展和完善，我国已经形成以“奖、贷、助、补、减”为核心的综合资助体系。“奖”是指对于家庭经济困难学生、成绩优秀的学生，给予奖学金，一般由国家、学校、企业、个人设立；“贷”是指给家庭经济困难的大学生提供助学贷款，助学贷款采用无息或者低息的方式，为大学生解决学费和生活费的问题，帮助学生顺利完成学业；“助”是指高校为家庭困难的学生提供校内简单的劳动岗位并发放报酬，弥补学生生活费不足的问题；“补”是指高校的困难补助，分为定期困难补助和特殊困难补助，定期困难补助按每月固定金额发放，特殊困难补助是对突发困难的学生发放的临时的无偿资助；“减”是指减免学费，具体的减免对象和额度由学校自行决定或按照国家规定，例如国家相关文件要求西部计划、应征入伍等相关学生，可享受相应的学费减免。

公共服务是指对于国际学生、宗教事务、残障学生等群体的服务。对于留学生人数较多的高校一般采用院系管理，而对于留学生较少的学校一般采用国际交流中心职能部门统一管理。国家对于宗教事务的管理非常重视，《中华人民共和国教育法》第八条明确规定“国家实行教育与宗教相分离。任何组织和个人不得利用宗教进行妨碍国家教育制度的活动”[16]，在教育部颁布的《普通高等学校学生管理规定》也有相应的规定，第四十三条明确规定“任何组织和个人不得在学校进行宗教活动”[7]。学校要引导高校学生正确树立马克思主义宗教观，形成正确的世界观、人生观和价值观。学生工作管理者的任务在于教会学生学会如何辨别邪教组织，进行正常宗教交流，保持校园宗教文化环境的纯洁。残障服务体现了我国教育的公平和均衡化，学生事务管理工作者会对残障学生进行深入了解和关心，在奖学金助学金和体育评测方面会给予适当倾斜，但目前较多高校都缺少对于残障人士的制度保障和设施保障。

高校学生事务管理还有一个重要的职能，就是指导和鼓励大学生积极参加各类学生组织和活动。例如团委、学生会和各类社团，这些组织会定期举办各类文化、体育活动。团委是服务、团结广大青年学生的行政部门，负责引领青年思想，具体指导学生会及各类学生社团开展相关工作。

二、中国高校学生事务管理工作队伍的建设模式

中国学生工作队伍主要由辅导员、班主任、学生处（学工部）等职能部门工作人员、导师或教导员（少部分院校存在）、学生干部等组成。专职辅导员与学生处(学工部)的工作人员通常统称为“学工队伍”，班主任、导师和教导员等多为兼职，一般不纳入队伍。

教育部在《2008 年招收高校辅导员在职攻读思想政治教育专业博士学位研究生工作办法》中进一步明确了辅导员的组成——在岗一线直接从事大学生日常思想政治教育工作的专职辅导员，包括院系学工组长、团总支书记、党总支副书记等副处级（含）以下从事学生工作的人员。除此之外，在分管副书记、副校长领导下的高校学生工作部（处）、教务处、团委和后勤等部门协调合作，是学生事务管理的主体。各大高校为了贯彻和落实相关文件的精神和要求，进一步做好学生管理工作，成立了学生工作部来专门负责学生事务，并将学生工作者列入党政管理队伍。目前，各高校学生事务管理工作队伍在学生的校园教育、生活管理和维护学校稳定中发挥着很大

作用。具体组织分布如图 3-1 所示。

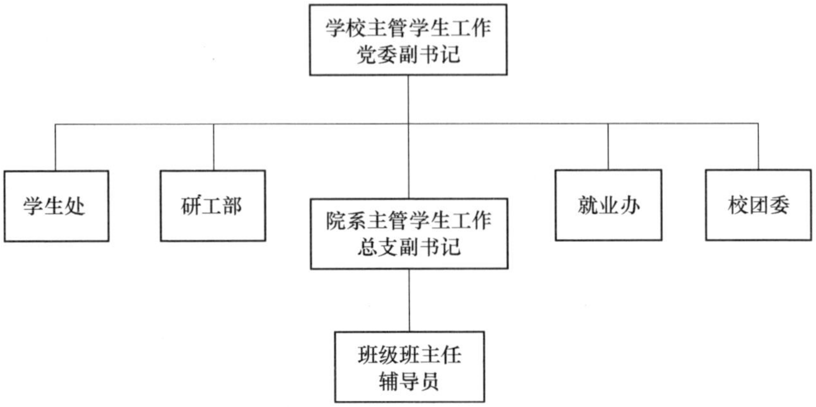

图 3-1　我国高校学生事务管理工作机构组织

该组织结构类型为典型的直线职能式——科层制组织结构。以垂直的直线等级职权关系为主线，同时有纵向主管负责的职能部门。按照学生所需服务的类型来分，分担了直线主管的责任，增加了服务的有效性和可靠性，优点是责任分明、权力集中、命令统一。与学校党组织系统、教学组织系统相结合的模式，不仅机构简洁明了、方便管理，而且突出了党对学生工作集中统一的领导。但是该组织结构也存在明显缺陷：上级下发的所有文件和任务，最后的实施都要靠辅导员（或班主任）执行，能否完美地落实任务主要取决于辅导员（或班主任）。而辅导员（或班主任）承担过于繁重的任务是不现实的，一些专业领域方面也是其所不擅长的，例如心理方面的咨询工作和就业上的指导工作。根据中宣部和教育部的规定，每 120~150 名大学生应该有一名辅导员专职负责，但目前大多数高校因教职工短缺，并没有严格执行，以教育部某直属高校为例，该学校学生工作人员与学生人数比例超过 1:300，乃至更多。因此，学生工作队伍（辅导员）规模偏小、专业化程度有待提升、工作内容不够明确、缺乏系统的专业培训等，仍是我国高校学生事务管理工作目前存在的问题。

三、中国高校学生事务管理工作队伍的考核条例及机制

教育部在《教育部关于加强高等学校辅导员班主任队伍建设的意见》中，对高校辅导员的培养和管理机制做出明确规定：一是完善辅导员、班主任评优奖励制度。各地教育部门和高等学校要将优秀辅导员、班主任表彰奖励纳入各级教师、教育工作者表彰奖励体系中，按一定比例评选，统一表彰。要树立一批辅导员、班主任先进典型，宣传他们的先进事迹，充分肯定辅导员、班主任在大学生思想政治教育中的贡献。二是要加强对辅导员、班主任队伍的管理。制定高等学校辅导员、班主任工作条例，进一步明确其工作职责和工作要求。要完善辅导员、班主任的考核制度，定期对辅导员、班主任进行工作考核。三是考核结果要与职务聘任、奖惩、晋级等挂钩。对工作不称职的要进行批评教育，仍无改进的应调离工作岗位。在事关政治原则、政治立场和政治方向问题上不能与党中央保持一致的，不得从事辅导员、班主任工作。

教育部在《教育部关于加强高等学校辅导员班主任队伍建设的意见》中，为我国高校如何对辅导员进行管理及考核指明了方向，各高校的具体操作标准都在这些文件的指导下设立。考核方法上，基本采用“指标—量化—判断”模式，强调考核指标体系的行为化和可测性。

当前，部分高校的辅导员和班主任有一系列较为完善的职责、监督、检查、奖惩、选拔等制度。但部分学校往往在出现问题后，才会临时进行规则制定与完善，缺乏前瞻性。考核评价主体为校级院级领导老师，缺乏严格的监督和民主广泛的评价，评价过于片面，应该激发学生参与评价的积极性，同时防止学生出现一味的好评和恶意差评。学生是接触学生工作人员最频繁的人，因此，学生才是学生工作人员考核评价的主体，学生的满意度才是学生工作人员工作是否优秀的评判标准。

由于各个学校有其自身特征，特别是公立学校和民办学校的特点和所面对的问题差异性较大，因此学生工作人员的建设规定也应该有所区分，才能适应复杂的学生工作。考核方式应该在正确的教育价值的指导下，根据学校的教育目标和承担的任务，按照规定的程序，运用科学的方法，广泛搜集评价信息，对学生管理人员个体的工作质量进行判断，从而为学生管理人员改进工作，为学校领导加强和改进队伍管理、建设提供决策依据。

第二节　英国高校学生事务管理工作队伍建设

一、英国高校学生事务管理工作的服务构成

英国高校倡导和贯彻以人为本的办学理念，在学生管理工作中充分尊重学生，让学生自主选择生活和学习方式，同时对学生进行适度引导和管理。学生工作部门注重学生的多元化发展需求，了解学生的思想和心理特点，工作上更具有针对性，服务的质量更高。同时各部门会及时调查和统计学生对工作的满意度，将学生的评价和意见作为工作改进的方向。格林尼治大学的学生事务办公室主任阐述本部门工作理念时说："我们的头等重要的工作必须是专注于为学生提供服务。"从这句话可以看出整个英国高校对于学生事务的重视，对于学生学习、生活、发展的尊重。

英国学生事务管理工作在各个高校存在一定区别，但内部的基本机构设置相似。一般包括招生宣传和学生申请（入学前）、学籍管理和跟踪管理（成绩、文凭、证书，入学后）、学生生活和福利（学生事务的核心工作，如学生的住宿、财务等）。学生事务的另外一项职能是培养学生的技能，与科研和教学人员一起，帮助学生学习知识、创造知识。关系图如图 3-2 所示。

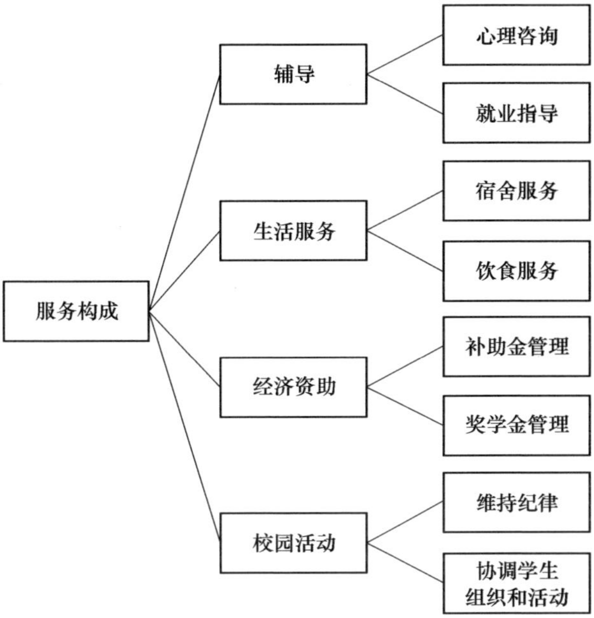

图 3-2 英国高校的服务构成

为了对该服务构成进行创新，英国高校首创“一站式”服务，将各项服务集中于一座大楼，有效提高效率。“一站式”服务（one stop shop）是在英国高等教育扩大参与和高等教育质量评估两大背景下提出，并付诸实践的。学生事务服务的绝大部分内容都是为保证教学质量需要的内容。英国高等教育界一直对“如何更好地提高对学生的服务”存在争论。2002 年 11 月，由各个大学校长组成的英国高校联合会提交的一份报告中首次提出“一站式”服务概念，“一站式”服务就是把学生当“客户”，以学生为中心，将分散于校园、为学生提供服务的相关部门集中在一起，进一步提升学生服务的质量，方便学生并丰富其在校经历。

雷丁大学在整合工作上高瞻远瞩，早在 2006 年就将有关学生服务的工作整合进入了“一站式”大楼，打造了“一站式”服务。服务内容主要包括以下 10 个部分：前台问询处（包括住宿、注册、学生卡、财务、福利等）、职业管理技能服务中心、随时来访建议服务、学业注册办公室、国际学生事务办公室、残疾人事务办公室、就业指导处和工作区、朋辈支持协调员、学习建议团队服务、无线网络区等。学生需要寻求帮助的问题，也可以分三类：第一类是学生自己可以在网络系统中直接查询到的常见问题，或前台工作人员能直接帮助解答的问题；第二类是前台工作人员不能直接予以解答或网上软件系统不能直接查询，而需要专家提供帮助解决的问题；第三类是较为复杂且需要保密，直接需要寻求专家解决的问题。如遇到第一类问题，直接解决，如遇到第二或第三类问题，前台工作人员会帮助学生进行专家预约。如果有的学生不方便到现场，可以在网络上接受系列服务。前台收集了大量学生提问，供学生参考。学生一旦在网络输入关键词进行提问，系统会显示很多类似问题，帮助学生答疑解惑，也锻炼了学生自主解决问题的能力。如果不能找到的相关问题，系统会自动上传，前台的人员收到后会立刻给予解决或与相关人员联系给予解决。

与中国大学不同的是，英国大部分高校的培养目标是使学生成为学业优异、能力突出的人。学生事务较为侧重学业帮助，而不是侧重于将学生培养成“德智体美劳”全面发展的人，这是英国高等教育的目标定位所致。同时也导致英国学生事务管理方面过于片面，在思想教育与引导方面存在欠缺。

在学生学业帮助这方面，英国各高校独具特色。如牛津大学（University of Oxford）的“成绩记录”教学法，雷丁大学（University of Reading）的 Black Board 系统、独立语言学习站，诺丁汉大学（University of Nottingham）的自主学习中心（Self-Autonomous Centre），莱斯特大学（University of Leicester）的“项目教学法”，苏塞克斯大学（University of Sussex）的“自主管理式学习”，英国德蒙福特大学的学习服务部门（Department of Library and Learning Services）支持，以及许多高校采用的“学习合同”（Learning Contract）等[17]。对英国高等教育进行质量监督与保障的外部机构也有很多，例如：英国教育部（Department for Education）、学生办公室（Office for Students）、高等质量管理局（Quality Assurance Agency）、高等教育统计局（Higher Education Statistics Agency）、专业外部组织（Professional，Statutory and Regulatory Bodies）等。

二、英国高校学生事务管理工作的队伍建设

大部分英国高校在学校章程中都有明确规定，学校校务委员会和学术评议会设立与学生事务有关的委员会，负责就学生事务的政策和战略向校务委员会和学术评议会提出建议，代表校务委员会和学术评议会监督政策与战略的实施情况。该委员会的成员主要包括校长、副校长、学校有关部门负责人、教师代表、学生代表。其职能部门为学生事务机构，面对全校学生开展工作，提供服务，由分管学生事务的副校长或其他高级管理者直接领导。在院系一级，主要是由院长和系主任来负责学生事务，并为每个学生安排导师；导师负责学生学习生活等方面的指导，个别系还会在学生个人导师之外，另设高级导师，负责全系学生的指导帮助。在系里也会指定专门的机构或负责人来负责学生事务的具体方面，如职业发展、心理咨询等，他们与学校学生事务机构保持联系。

英国高校学生事务管理的组织结构为类金字塔形结构。在最上层的组织是全校学生事务委员会，而委员会的具体执行部门是学校学生服务中心，为学生在校期间的事务提供必要的服务和支持。该部门根据不同学生的需要设立更加具体的执行部门。学生资助办公室的主要职责是帮助普通学生处理学费收缴、为家庭条件相对较差的学生办理学费资助；学生记录办公室的主要职责是学生的入学注册和成绩登记；学生住宿办公室的主要职责是根据学生的住宿需要，帮助学生入住学校宿舍或者帮助有需要的学生寻找校外住宿资源；职业指导服务中心的主要职责是以工作指导及咨询等一系列方式帮助学生更好地找到适合自己的工作，实现就业；残障服务办公室的主要职责是对于残疾的学生提供咨询服务和实际帮助；学习指导中心的主要职责是对于学习

方面有一定困难的学生提供帮助，包括咨询和培训的方式；心理咨询办公室的主要职责是对于学生在日常生活中遇到的个人问题尤其是心理问题提供咨询和解答[18]。各高校学生事务工作机构建设的一般模式如图 3-3 所示。

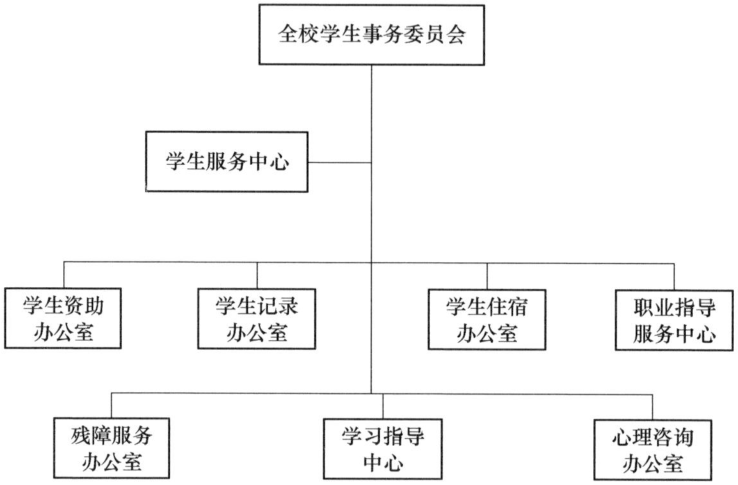

图 3-3　英国高校学生事务管理的组织结构

英国高校学生事务管理模式分为集中管理和分散管理两大类。第一种是以学生事务办公室为主要机构的集中管理模式。高校设立学生事务办公室后，还会下设学生学习中心、教学部、职业部等若干部门，为师生提供发展和支持的服务。第二种是分设部门进行运行的分散管理模式。高校通过设立学习支持中心、国际交流中心和职业发展中心等部门，为学生的学习、生活和职业发展等方面提供管理和服务。每一个支持中心都配备支持中心项目主管、课程主管、学生支持与指导主管、课表负责人和实习协调员。支持中心主管对支持中心所有员工负责，具有行政领导作用。学生事务管理人员和学校的教学科研人员实施并行的体制，人员基本不交叉，职能基本不重合，并且享有同等的职权、待遇和地位。学生支持与指导主管（简称 SASM），对学生支持协调员负责，对一些缓考、补考等问题提供建议；学生支持协调员

（SSC）每个学院至少有一名，主要处理学生课程情况，如作业、考试、课程表、补考、缓考、身心健康等。如果学生有比较严重的问题，将转介至身心健康或心理咨询部门，但在这里主要处理一些身体不好的情况，比如生病请假等。学生支持协调员主要就学生出勤情况进行监督，如果学生不能来上课，可以与协调员沟通。每 2~3 个学院配置一名课程主管，属于高级行政人员，主要处理与课程相关的事务，比如考核、考试、黑板（网上教学）、课程手册、田野计划、考勤监督、学术不端等。课程主管之下还配备高级课程行政人员，每学院设 1 人，负责督导相关行政人员的工作质量及工作任务的上传下达。高级课程行政人员下属课程行政人员，主要负责日常的、具体的事务，包括手册、出勤、教务系统、学术不端等方面。每个支持中心还配有实习协调员，负责协调业界和学校，帮助学生获得实习经验。课表负责人既属于学生支持中心，也属于学校信息技术部门，每周在支持中心工作 2 天，协助电脑排课、预定教室等。

一般情况下，英国高校学生事务管理架构如上，但很多大学还会根据自身的情况成立一些其他的部门。以雷丁大学为例，其学生事务中心就设有 14 个部门：学生注册中心（Student Registry）、学生住宿管理中心（Accommodation）、招生办公室（Admissions）、就业指导中心（Careers Advisory Service）、心理咨询中心（Counselling Service）、音乐中心（Director of Music）、残障服务中心（Disabilities）、考试中心（Examinations）、内部审计（Internal Audit）、国际学生及海外学习办公室（International and Study Abroad）、学生资助办公室（Student Financial Support）、学生记录办公室（Student Records）、招生宣传办公室（Student Recruitment and Schools Liaison）、扩大招生办公室（Widening Participation）。其职能包括招生工作、入学注册、住宿生活、入学教育、职业辅导、学生资助工作、国际和国外学习、学籍管理、心理健康咨询、残障学生服务、学生考试升学等方面。内部各部门分工明确、职责清晰、管理规范。其中咨询服务中心、就业指导服务中心和残疾人服务办公室是较有特色的3个部门。

学生事务部秉持的理念是：分工越细化，相应的工作人员专业化水平也越高，学生们需要什么服务的时候所找的部门也就越具体，越容易快速解决遇到的问题。雷丁大学学生事务服务的工作目标为简单、自然、通畅。何为简单、自然、通畅？该校学生事务部部长对于它的解释为："简单"就是要把学生当成我们的客户，让学生得到我们的服务就像去图书馆借一本书一样简单；"自然"就是要把学生事务服务融入学生的日常生活当中去，时刻为学生做服务，但却让学生感受不到我们的存在；"通畅"即要将所有的和学生相关的东西集中起来，让学生可以一次性的办完事务，不东奔西跑。目前，英国高校学生事务管理工作仍在加强"一站式"服务建设，使得学生事务管理系统内部各要素之间相互联系、相互作用、相互制约，进而形成合力，提高工作效率[19]。

洛汉普顿大学学生事务机构设置：主讲人下设助理2位、4位福利官、音乐类社团、学院学生会。一位助理分管住宿、校内医院、咨询、福利；一位助理分管残疾人事务、就业；4位福利官不在学生事务部办公,而是深入到学生中从事工作。学生遇到事情如果不知道该如何处理，这4位福利官可以帮助学生转介到相关部门。

【经典案例】

（一）牛津大学的导师制

牛津大学和剑桥大学的导师制独具特色。每所学院都为自己的本科生分配小组教学及辅导导师，主要是学业帮助、个性化辅导、牧师式关怀、住宿、福利、资金支持等。通常来说，学生导师就是个人导师，既是学业也是生活导师，两者合二为一。

导师在学生中开展小组式辅导，牛津大学称为"tutorials"，剑桥大学称为"supervisors"。辅导通常4个人一组，一次讨论1小时，学生与导师一起讨论课程。在课堂上，如有学生对某些话题很感兴趣，则讨论该话题。通常本科生准备 1~3 个题目，研究生准备 2~3 个题目，带到辅导课上与老师讨论。这样一种机会，使学生既掌握了学习知识，又对感兴趣的问题进行讨论，达到学习和研究的目的。

牛津大学的导师辅导制，很大程度上提高了学生的写作能力，让学生在撰写论文时提出自己的观点。牛津大学学生是否可以毕业，看最后的考试和论文，这一点跟美国的学分制很不一样。牛津大学的导师辅导制的互动性很强，可以使老师和学生之间互相了解。本科学位是通过辅导制拿到的，每次辅导课仅有 1~2 个学生参加，使学生不得不做充分的准备。通常在每一次辅导课前，导师给出必读题目，学生写完后下次带到辅导课上。一般要求学生在上辅导课两天前将文章交给自己的老师。作为导师，需要对文章通读，然后评述，从而让学生发现自己文章的不足。牛津大学以最后的毕业论文和考试决定一切，学生为了毕业会去更加关注他人的观点，以达到毕业。在牛津要当一名本科生很不容易，学生需要持续不断地上辅导课，并进行课程修订，而不是写完作业后就不再管了。

导师辅导制给学生带来的好处是：独立学习，与他人共同学习，提出自己论点，如何质疑自己的假设（在导师以及同学的质问过程中学会），按期提交作业（如未按期提交作业，导师和同学就无法给出建议）。学生可选择自己感兴趣的题目，有着与导师和同学建立学术探讨关系的机会。

牛津有些研究人员并不参加教学，也不带学生，因此，牛津师生比是 1:3。在牛津上大学，大课可以不去，小辅导课则必须得去。牛津大学研究生学习情况：入学由大学开展，分配到学院。牛津所有学部都有研究生，少量学院只有研究生而无本科生。所有学院都不负责对研究生的教育，但提供导师制和牧师式关怀。

牛津大学所称为“supervisors”的，是指指导毕业论文时的导师，否则只能算“tutorials”。例如，主讲人给 30 多位研究生上课，但指导论文的只有 5 人，他仅是这 5 人的“supervisior”。导师制与牧师式的区别是：前者关怀的是学业，后者则主要是关怀社会、情感类。学生学业导师，在入学时就由学院马上分配，也就是毕业论文导师。如果学生对这个导师不感兴趣的话，可以申请更换。一开始就任命，是因为担心学生脱离了正轨。一年或两年后，如认为导师与自己的兴趣不一致，可以申请更换老师，学院可以为学生更换导师提供帮助。

（二）雷丁大学的导师制

雷丁大学认为导师制对学生很重要，对学生的大学生活很重要，其“个人导师制”主要是针对本科生而言。所谓的个人导师，是学生个人学习上的导师，而非图书馆等地方的指导者。一般导师的分配是由院系领导分配学生和导师。学生和导师的第一次接触是在迎新活动上，双方对感兴趣的话题进行交流。有时，学生导师会由任课教师担任，因为任课教师对学习情况更熟悉。

个人导师的工作分为两类：一类学业上的，另一类是“牧师式”指导。个人导师要记录好与学生见面的情况，如时间、地点等都要记录下来。导师要做的工作还有学生的“个人发展计划”，这是英国政府发起，全英国大学执行的一个计划。该计划的主要目标和要求是在各领域帮助学生。个人导师不仅是学业上的，还要为学生提供证明信、介绍信等以便找工作时候使用。因为院系大小不同，导师带的学生有多有少，评价更高的导师，分配给的学生就会多些。导师一般带 6~14 名学生。

个人导师的职责权限是对学生学业进行指导，但这种关心不是父母那种关心。导师与学生之间关系虽然很好，但却是相互且双向的。导师可以关心学生，但不能什么都管。有的学生对导师期望值过高，这时候导师就要与学生沟通，降低他们的期望值。个人导师需要充分利用给学生提供帮助的机会，对不同的学生提供帮助。同时，要与学生一对一交流，群体交流达不到良好的效果。有些学生遇到很大困难时，常常不找导师，而是自己去试图解决；有些学生每学期只找一次导师，这时导师就要处理好这些问题。

学生遇到的问题一般是学业上的困难。有时，学生在选课、学习和考试分数上有困扰，学生会找导师交流，从中提高自己；有时学生会遇到感情、家庭上的问题，也会向导师倾诉，如有的学生回到家中，却没有家的感觉，这样的情况就需要处理了；学生生病也需要导师帮助。

“个人发展计划”是政府要求所有的英国大学都要完成的任务。这个计划主要是鼓励学生独立完成学业，学校鼓励学生对自己的未来、人生、职业等进行独立思考，如“电子黑板”就是鼓励学生使用该系统独立学习。“个人发展计划”使学生可以通过与学校交流，获取有用的东西，有些时候，学生跟导师交流不主动，就通过这个计划鼓励学生参与进来。“个人发展计划”已经成为常识性概念，学校的教学人员、学生等都会以某种形式参与进来。

学校对导师的支持：在个人导师的上一级，是各院系的高级导师；在高级导师的上一级，是各院系的系主任、副主任。学校其他各部门人员，不仅给学生提供帮助，还须为个人导师提供帮助。

每个高级导师的责任是保证本院系个人导师和学生的工作，包括各类学生支持工作在内。每个院系都有高级导师，他负责个人导师在工作中各个领域内的问题。在雷丁大学有30多名高级导师，在较大的院系个人导师数量更多，就有上百名。

三、英国高校学生事务管理工作队伍的考核条例及机制

英国在国家层面针对高等学校管理设立了质量保障总局，主要任务是在宏观层面上进行管理评估和监督。在每个学校会设立质量委员会，在学校层面上制定质量和标准战略并监督实施。各部门也会有针对性地制定一系列具体措施并加以贯彻和落实，各部门会对自己的日常工作进行总结和归纳，对不足的地方加以改正，对表现得好的领域

进行鼓励和嘉奖，力求不断完善工作上的细节，给学生更加完美的高校学习、生活体验。各级监督保证政策的落实，既可以保障学生工作人员的权益，也可以保证学生能够享受更好的服务。

英国是一个典型的法治国家，对高校学生事务管理人员的日常要求也有着明确的政策和程序。一是关于高校学生事务管理人员缺勤的管理。无故缺勤会受到相应处罚，生病等情况可以理解，但要求员工缺勤期间要与上级保持联系，沟通病假是否需要提交医生证明。二是纪律政策。在程序上会尽可能以非正式的方式解决问题。比如员工迟到后，上级管理人员先谈话。非正式行不通，就开始进行正式的纪律管理。谈话了解具体发生了什么，迟到者与更高级的管理人员见面，解释迟到原因。经过了解清楚之后，会给予个人相应的处分。处分方式有以下三种：书面警告、最终书面警告和开除。三是能力程序。主要指考核高校学生事务管理人员生病或岗位调动等程序后，是否能继续进行工作。四是骚扰与欺凌。若员工被怀疑实施过骚扰或欺凌，首先进行非正式处理。随后寻找证据，介入调查。五是职业健康。即建议高校学生事务管理人员哪些岗位可以胜任，对教职工的工作进行指导。六是调解。提供同事间的面对面辅导及调解服务。七是提供培训与发展。八是骚扰顾问。新入职的学生事务管理员工可以与顾问联系。骚扰顾问都是经过专业培训的，会提供聆听、支持与转介等服务。

英国高校还会对教师和学生进行问卷调查，对学生事务管理人员的工作情况进行监督，同时也会组织学生在网络等媒体上进行实名评测，以此避免恶意差评事件的发生，导致工作人员工作热情下降。英国高校建立了完善的监控体系，分不同层面要求管理人员进行工作汇报和总结，来达到自控和他人监督的目的。监控主要是以书面报告和口述的方式进行，时间从 1 个月一次到 1 年一次不等。每个部门都设有监控负责人，负责自己所监管范围内管理人员的工作计划执行情况、工作表现、工作效果等。监控负责人还会对于自己这段时间工作中出现的问题与大家进行沟通交流，对于做得好的地方进行推广和普及，对于不好的地方进行纠正。其他人可以通过他的总结报告进行自我反省和纠正，这能够促进学生工作者的职业素养和服务态度的提升，同时在交流中，学习先进的管理经验，共同进步。另外，学生事务管理工作人员还要求做年度回顾、新年度计划以及个人培训和发展计划。年度回顾主要是将本年度的计划执行情况、参加活动情况、取得成绩情况等情况进行系统的总结；新年度计划是被监控负责人和考核者一起制定下一年度工作计划，确立工作重心和工作方向；个人培训和发展计划则是指对于自身的培训计划，对未来发展的规划和设想。英国高校对于高级非学术人员，如学生处处长以及其分管部门的主要负责人等，实行 3 年一次的工作评估。被评审者以报告的形式详细叙述过去 3 年的职责和责任，对未来发展的设想和规划，提交给评审委员会评审。

第四章　中英高校招生与就业工作

随着我国社会主义市场经济和高等教育的发展，高等教育已从精英化走向大众化。如何在实现高等教育公平的基础上，增加高校招生自主权，给学生更多的选择权；如何在高速发展的社会中，有针对性地帮助学生与用人单位岗位匹配，诸如此类的问题，在我国高校招生就业工作中亟待解决。通过比较中英高校招生与就业工作，探寻高校学生事务管理工作在其中发挥的巨大作用，能助推我国高校招生就业工作的稳步发展。

第一节　中英高校招生工作比较

一、中国高校招生制度概况及考试制度

我国统一进行高考和招生的系列举措，在一定程度上确保了高等教育的公平。在现代化发展进程中,这种高度统一、“分数至上”的模式，已经不能满足多元化的人才培养。为此，高考制度一直在进行改革与调整，采取的内容和形式也逐渐多样化。

（一）实行全国统一高考制度，以考试为主

自 1906 年废除科举制度的 100 多年来，我国高校招生政策走过了一条曲折之路。高考是考生选择和进入大学的准入标准，现分为普

通高校招生考试、自学考试和成人高考三种形式，以普通高校招生考试为主。1999 年教育部将考试模式改革为“3+X”模式[20]，“3”是指语文、数学和外语三门固定科目，“X”指自主从文科综合（政治、历史、地理）和理科综合（物理、化学、生物）2 个综合科目中选择一个考试科目。在这种模式下，考生可以自主选择文理分科，以语文、数学、外语三门科目为主，根据自身兴趣和高校要求参加相应类型的考试。2018 年 11 月，江苏、湖北、福建、辽宁等 8 个省（市）经教育部评估，批准启动新一轮的“3+3 模式”高考改革。这种模式不再进行文理分科，而是从物理、化学、历史、政治、生物、地理这 6 科中挑选 3 科，与语文、数学、外语三门固定科目进行搭配。

（二）分批次进行录取，高校招生主导权较小

高校以考生高考成绩作为主要依据，按已确定的招生计划，对考生进行择优录取，这也是我国高校招收新生的基本特色。高考的录取方式多数采用网上录取，对考生的录取是根据考生的分数及所填报的志愿进行的。如今采用的志愿填报方式，将全国的大学分为若干批次进行录取。此外，还有许多高校进行自主招生，这是我国扩大高校招生自主权的重要一步。拥有自主招生资格的学校结合高考要求与本校实际，制定自主选拔录取方案。符合要求的考生可向试点高校提供所获荣誉、资格证书、在校综合表现等证明材料。高校组织专家组进行资料审查及面试，确定入选名单。但考生一样要经过全国高考统考，成绩符合要求后，该高校对考生进行自主选拔录取。此外，我国优秀高中生还可以申请保送入学，免试进入大学深造。

（三）学生事务管理在招生工作中所起的积极作用

辅导员（班主任）协助做好招生宣传、录取、新生报到接待、入学教育工作、心理咨询工作、学生军事训练的组织实施等工作。同时，高校辅导员会通过召开主题班会，向在校学生宣传分类招生考试的相关内容，积极鼓励学生参与校内的招生宣传工作。要求学生积极提高

自身文明素养，向招生咨询会上的考生和家长展现出学校学生积极向上的精神风貌和良好的形象，为学院的招生工作贡献力量。总而言之，就是开展系列活动配合学校招生工作。

【经典案例】

（一）延安大学“学长导航”辅导员工作室

延安大学“学长导航”辅导员工作室在协助学校招生迎新工作中发挥了重要作用，工作室的“学长导航团”在强化迎新、军训和入学教育三方面取得了显著成效。一是强化迎新环节。在每年新生入学报到前，导航学长就和新生取得联系，提前掌握新生的入学报到时间、是否入学等信息；提前开通 QQ 群、微信群等新媒体服务平台，并由导航学长为新生答疑解惑，帮助新生第一时间全方面了解学校情况，确保入学信息“早知道”。二是强化军训环节。在军训期间，导航学长组织新生参观校史馆、延安革命纪念旧址，通过图片展览、视频播放等生动活泼的形式，组织开展观看红色影片和歌咏比赛等形式多样的活动，培养新生浓厚的爱国爱校情感，为学生健康成长和全面发展打下坚实基础。三是强化入学教育专题活动环节。在入学一个月后，高年级优秀学长引导新生学习校纪校规、帮助新生认知专业特色，并进行生涯规划，指导新生参加演讲比赛，多举措给新生上好第一课。

（二）江西理工大学发哥辅导员工作室

江西理工大学发哥工作室成员分教师组和学生组。每年开学初，学生组都会利用新生入学教育机会给新生进行宣讲，并把自己的优秀经历发布到公众平台，给予学生更多帮助，起到榜样示范作用。基于学生成长教育的研究，发哥辅导员工作室为了解决思想政治工作“最后一公里”问题，开创性地实施了“大学生成长手册”“入党积极分子成长手册”“公益服务活动登记手册”“本科生听讲座学分认定手册”“大学生职业生涯规划手册”“新生训练营成长手册”等多个帮扶学生成长体系，创新提升了服务学生管理体系。

工作室成员还定期在网络平台上提供利于师生成长的资讯和服务，如《送给大学新生的六句话》获得第二届全国高校网络宣传思想教育优秀作品推选展示活动网络文章二等奖。贴合学生生活，结合当下政治热点对学生进行思想引领，如开展了《新生入学教育专题》《学生干部应该懂得的“礼仪”》《如何做好基层的“团学”工作》《宣讲十九大精神：十九大报告解读课件》等讲座，对新生入学教育贡献了学生事务管理工作者的一份力量，增强了青年学子理想信念教育的实效性。

二、英国高校招生制度概况及考试制度

21 世纪是一个知识经济时代，经济取决于脑力而不是体力，这让英国的高等教育参与比例不断扩大。高等教育提供者有不同的任务和使命，有的偏重于教学，有的偏重于科研，有的是两者兼而有之。同时高等教育中还有一部分是私立大学，2017 年以后，私立大学数量激增。这些高校在招生制度上独具特色。

（一）实行证书招考制度，以申请考核为主

英国的招考制度大多数是证书招考形式，本科招生制度大多数是以英国主要的考试机构主考的普通教育证书高级水平（A-levels）的考试成绩为主，以等级评分的资格证书作为成绩评定方式的基础。英国学校和政府不组织考试，学生通过某项证书到达一定水平，申请相关院校，通过资料审核和面试，才最终给予录取。如英国剑桥大学本科生录取中，学生需要准备申请表、个人自述、学校推荐信、初高中考试成绩等，通过英国招生委员会（UCAS）寄到所选择的剑桥大学的某一所学院。每个学院里各专业的学术督导和学院的招生督导审阅申请材料，并给予书面评分。然后，部分专业的学生要参加剑桥的 BMAT 入学考试，再接受学术督导（DOS）专业方面的面试及招生督

导（Admissions Tutor）的综合面试。面试考查的是学生真正的申请动机、对所申请专业的了解和热情程度、知识储备、心理状况和各方面的综合能力（如自我管理能力、环境适应能力、抗挫能力、问题处理能力等）。研究生录取程序与本科生录取程序相似。

（二）招生机构独立运行，高校享有招生主导权

UCAS（Universities and Colleges Admissions Service）是英国招生委员会的简称，它是一个统一为英国所有大学全日制本科及硕博士提供招生服务的机构。它并不是政府机构，而是非营利性机构，其成员是通过 UCAS 进行招生录取的高等院校。UCAS 于 1961 年成立，是独立的慈善机构，由执行董事会管理，负责英国大学学生录取工作。

UCAS 不为任何大学做宣传，不帮学生决定专业和科目，不提供经济政策和个人移民政策方面的建议，仅做咨询和帮助申请。它的主要功能是处理学生入学申请，提供与高校招生相关的广泛的服务，收集、处理、公布有关高校入学的信息和数据，为申请人提供尽可能充分的信息供其做决定参考，使申请人能够获取他们需要的信息，成功申请进入理想中的大学学习。UCAS 并不决定录取谁，而是由学生申请的高校决定，UCAS 只起到一个中介或行政作用。目前，UCAS 为全英超过 370 所大学和院校提供服务，同时也为荷兰阿姆斯特丹大学做录取工作。据统计，大约有 37000 名高中毕业生通过该服务进入大学。

（三）学生事务管理在招生工作中所起的积极作用

整体来讲，学生事务工作在英国的各个高校的职能有些区别，但内部的基本机构设置一样。一般包括入学前的招生宣传和学生申请，学生入学后的学籍管理和跟踪管理（成绩、文凭、证书），学生生活和福利（学生住宿、财务等）。

如学生在确定被雷丁大学录取但还未正式报到时，可以获得“新生周”的相关服务、导师团队的服务及“聪明学习”网上学习资源。“新生周”相关服务是帮助新生熟悉大学环境，减少孤独感，增强归属感。

“导师团队服务”主要分为学习导师团队和学生导师团队，学习导师团队负责主动联系学生，通过倾听的方式来帮助学生制定计划；学生导师团队主要通过邮件为学生提供各种帮助信息，帮助新生了解学校概况、服务体系、生活指南，一般不提供具体的问题解决方法。“聪明学习”网上学习资源主要提供各类实用信息，譬如如何使用图书馆、怎样使用校园设施等,同时还包括师生交流的平台,重点教会新生如何“独立学习”。

所有学生入学时都要接受培训，目的是为学生创造机会，去熟悉校园环境和学习方法。入门指导分类：一是所有新生开展活动（第一学期开学前一周）；二是国际留学生欢迎周（包括欧共体学生在内），帮助学生适应不同的文化环境。近年来，大学还增添了“再次新生周活动”，该活动在秋季学期期中进行，以再次帮助学生了解大学学习方式为主。之所以增添，是第一个“新生周”学生接触的信息太多，可能会错过很多重要的信息，“再次新生周”确保每个学生拿到一本学生手册。学生手册的内容包括所学专业内容和所在学院内容。除学院提供的学生手册外，大学还提供另外的手册，内容是学生要遵循的所有规章制度。开展这些工作的原因，是希望通过这些工作减少学生流失。

入学后学生主要可以从学业、生活、职业发展方面获得学校的支持及服务。学业方面，学校提供了学习支持中心（重点解决学生事务）、学术导师（具有丰富的学生服务经验的老师，能快速反馈学生的需求）、学习辅导（如何写论文、如何复习、如何查文献等）、朋辈辅导团队（由学生志愿者组成，负责解答学业问题及如何增强学习动力和信心）、数学支持（专为遇到数学困难的同学答疑解惑）、语言学习支持（主要为国际留学生提供服务和帮助）。生活方面，学校有学术联合会、宿舍舍监服务团队、学生指导团队、国际学生辅导员、牧师关怀团队、身心健康服务团队、学生福利团队、心理咨询团队、残疾学生服务团队、医疗服务团队。职业发展方面，学校提供职业技能培训、就业指导团队、勤工俭学机会及各大公司实习岗位。显然，各高校完善的学生事务管理能够充分吸引高中毕业生们进行择校。

如雷丁大学的学生事务部工作人员有80人左右，下设14个部门中就包括了招生及宣传部负责招生宣传等事务，国际事务部协助国际生招生工作，学生注册办公室安排学生入学后的注册工作，学生财务支持办公室会帮助学生提供入学贷款途径、寻求资助支持等，住宿处和心理咨询处还会为新生提供心理咨询和住宿安排等。还有残疾人办公室，该处会对患有残疾的学生给予适当支持，对学生需求要提前预测，而不是等残疾人入学后再决定。开学前一周对残疾生进行培训，告诉其上课最近的路线，学生经过几周就可以熟悉环境。这些做法极大地安慰了残疾生，尤其是第一次离开家的残疾生。同时，工作人员非常注重对学生咨询反馈的质量和速度，通过客户管理机制来处理学生咨询。

三、相关借鉴与启示

（一）增加学校的自主权，评估和录取方式多样化

从国外情况以及我国的实际情况出发，全国实施统一的高校招生模式是符合我国具体国情的，但这并不是说我国高校招生考试只能是一种固定的、简单的模式。在这方面，英国实施的证书式考试制度就可以体现出其灵活性，一方面可以摆脱“一考定终生”的传统，另一方面可以为学生提供更多的机会，这种多元考试相结合的模式值得我们借鉴。

我国现行的招生录取办法，依然是把高考分数作为录取的重要信息且是主要的依据，分数在高考录取中起着至关重要的作用。综合评价体系应该把内容改革作为核心重点来抓，把学生的综合素质作为评判的一个重要依据，考试形式也应该多元化。

（二）充分发挥学生事务管理人员能动性，助推高校招生工作

学生事务管理人员是与学生接触最多的人，也是最了解学生生活

和学习的人。学生在迈入大学校门前，懵懂青涩，无法进行正确完善的抉择，如果本校学生事务管理人员积极开展对外形象宣传，解答报考学生相关疑惑，将会有效助推招生工作的开展。如浙江水利水电学院辅导员就发挥自身优势，原创招生音乐短片《探清水河》，助力招生宣传工作。江西理工大学“发哥辅导员工作室”公众号积极转发学校招生公告。还有一些高校的辅导员运用微信、QQ、抖音、微博、贴吧、论坛等网络渠道，积极转发学校招生简章，推介学校专业，义务为咨询的考生及家长解答疑惑等。

同样，学生工作处的职能进行再次细分，也能更好地服务招生工作。传统上来说，教学人员认为学生事务从业管理者是辅助人员，应在幕后，并不重要，与学生成才没多大关系。但这种观点是不对的，学生事务管理工作者应该勇于站在台前，发出属于自己的光和热。

第二节　中英高校就业指导工作比较

随着我国高等教育由“精英教育”走向“大众教育”，大学毕业生数量急剧增加，大学生面临“高门槛”“低经验”“竞争基数大”等严峻的就业形势。大学生与社会需求之间的关系由“供不应求”转为“供需平衡”，甚至“供大于求”，大学生就业市场化，价格机制在就业市场的调节作用越来越大。越来越多的大学生面临失业，就业形势日趋严峻。近年来我国高校学生毕业人数如图 4-1 所示。

随着我国经济社会的高速发展，高校毕业生就业竞争越来越激烈。许多大学生普遍存在职业生涯规划意识不强、自我目标缺失、对职业发展期望值过高、职业生涯规划设计盲目从众等问题。解决当前严峻的就业形势，需要政府宏观调控，大学生、市场、高校、用人单位以及社会各方面的协调与合作。作为高校，应该从各方面入手，增强学生就业竞争力，帮助学生更好地解决就业问题。

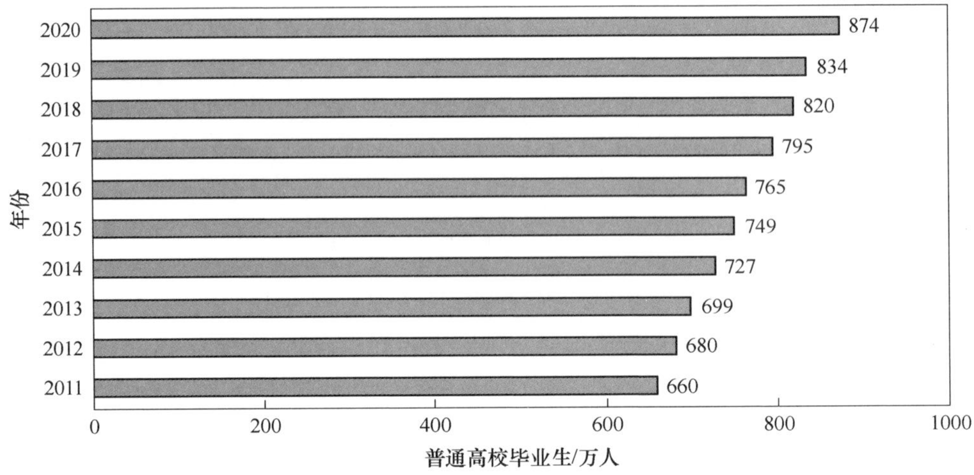

图 4-1　2011~2020 年中国普通高校毕业生人数

一、中国高校就业指导体系及主要特点

（一）统一指导与多元支持的体系

全国高等学校学生信息咨询与就业指导中心和各省（市）设立的就业服务中心，是集政策咨询、信息发布、服务指导等多项功能于一体的专业化就业服务机构，为促进高校毕业生就业发挥了重要作用。各高校内的就业指导服务中心负责处理毕业生就业日常性工作，并组织协调全校各有关部门做好就业工作，负责全校学生的职业生涯规划教育、创新创业教育、就业求职教育等方面的工作。

（二）学生事务管理人员发挥的独特优势

当前，我国部分高校的学生就业团队已经将“就业指导中心”改名为“职业发展指导中心”或者“就业服务与职业发展中心”，标志着“就业指导”逐渐递进到“职业生涯教育”和“职业生涯辅导”。从帮助学生找到一个好工作，转变成指导学生进行人生发展路径的设计与规划，帮助学生在毕业阶段做出最合适的职业选择，更支持他们获得在不同人生发展阶段做出科学决策的基本技能；既关注学生当下的现实需求，更着眼于学生的长远需求和终身发展能力。高校辅导员是大学生思想政治教育工作的直接组织者和实施者，是大学生健康成长的指导者和引路人[21]。我国辅导员的主要工作是学生日常的思想政治工作，所以辅导员在做思想政治工作的同时与学生的就业指导进行结合，可使学生以正确的思想为出发点，抱着正确的心态来就业，树立正确的择业观。

【经典案例】

（一）北京工业大学“指南针”生涯规划工作室

2015年6月，为落实北京市委教育工委深入贯彻中央关于加强高校辅导员队伍建设的精神，北京工业大学设立以大学生生涯规划落地系统构建为主攻方向的“指南针”生涯规划工作室。2017年底，该工作室正式晋级为北京市高校辅导员工作室。工作室以社会主义核心价值观为引领，贯彻落实全国高校思想政治工作会议精神，依托学校各职能部门，利用成员的专业优势，通过线上线下双通道，引进先进的教练理论与技术，面向全体学生提供精细化、个性化与精准化的生涯规划服务。整合北京大学、北京工业大学、北京化工大学与首都医科大学等四大成员高校及企业资源，组建督导、顾问、导师与学生等四支队伍，发挥团队在生涯与就业教育及指导领域的实践优势，协同作战，构建“八位一体”的教练型辅导员成长模式、教练型学生骨干“学生成长五人系统”等，促进大学生生涯规划全面落地。

（二）浙江师范大学探索七彩人生工作室

为进一步推进高校辅导员队伍建设，积极响应习近平总书记提出的“因事而化、因时而进、因势而新”，实现辅导员职业化、专业化和专家化发展，浙江师范大学探索成立七彩人生工作室，致力于大学生生涯教育与职业发展，坚持生涯理论教育研究与职业能力提升实训相结合，开展生涯理论普及、生涯意识唤醒、生涯管理实训、生涯职业体验、职业能力提升、职业生涯咨询、生涯案例研究等活动。

七彩人生工作室成立后，紧紧围绕“七个一”的建设目标，开展了独具特色的探索与实践，初步形成了一批受师生欢迎与认可的品牌项目。

（1）运营一个微信公众号。“七彩人生”是一个面向全国高校大学生与辅导员的微信公众平台，专注于大学生生涯规划和职业发展，开设了生涯理论、职业体验、求职技巧、团体辅导、职场人生、职规大赛等多个板块，先后推出了“如何读大学系列”“如何找工作系列”“如何成就卓越（小彩虹）系列”“如何管理生涯系列”等个性化专题，每周定期发布1~2篇原创文章，传播生涯教育理论，分享生涯工作体会，传授求职面试技巧，开展职业能力行动研究，并依托公众号推广大学生生涯规划与职业发展公益讲座、大学生职业能力提升工作坊等线下活动。

（2）开设一个大学生职业能力提升公益工作坊。职业能力提升公益工作坊开设后，在帮助大学生提升生涯管理和职业能力的同时，助推了辅导员开展职业能力提升的研究与探索。经过集体研讨、课程打磨，辅导员有了自己的“特色课程”和“专业所长”，很好地推进了辅导员的专业化和专家化。

（3）搭建大学生就业加油站。为更好地帮助大学毕业生解决就业困惑、提升就业能力，工作室应同学之需，专门组织开展了“大学生就业加油站”现场咨询活动，即在学校组织大型现场招聘会时，工作室成员化身“梦想导师”现场问诊，提供了线下五大类公益咨询服务：生涯规划咨询、职业目标澄清、个人简历体检、求职面试门诊、就业疑难解答。同时，在“七彩人生”公众号上开设“专家门诊”专栏，为不在现场或来不及现场咨询的同学提供实时的咨询服务，实现了线上与线下联动“问诊”。在做好毕业生就业服务的同时，工作室积极向前端拓展，促使生涯教育前置，工作室在校园开放日以及高考咨询会的现场开展“梦想加油站”活动，为高考考生和家长提供生涯咨询服务，让更多的考生及家长尽早了解生涯规划的理念，帮助考生和家长用科学的方法规划大学生涯、填报志愿。这一做法得到了考生和家长的广泛欢迎。

（4）举办公益性集训营。工作室作为服务育人的一个公益平台，关注大学生生涯管理和职业发展，积极开展全校性的公益大型讲座，让更多的同学受益。比如在考研季，开设“助力考研”公益讲座；在师范类专场招聘会前夕，开设“就业面试的技巧与攻略”公益讲座；在选调生、公务员招考报名结束后，开设“公务员考试攻略”公益讲座。针对全校家庭经济困难学生，在暑期还专门举办“大学生职业能力提升公益集训营”，为寒门学子备考公务员、事业单位或教师资格证提供免费辅导。

（5）推进工作室成员专业能力提升。工作室设立的目标之一就是推进辅导员自身的专业化和专家化。因此，工作室十分注重成员专业能力的提升，积极抓住一切教育培训与专题学习的机会，以实现辅导员自身的“职业梦想”。

二、英国高校就业指导体系及主要特点

（一）英国高校就业指导体系

在英国，就业能力是高校排名的社会标准之一，家长和考生也会参考这个排名表选择是否进入一所大学。从职业发展指导的角度来说，越来越多公众与社会层面更加重视教育产出，透明和公开的评估报告中提高了学生产出（students outcomes）的权重。

英国还设置了 3 个关键公共指标用以评估高校毕业生就业能力。第一个是给毕业 15 个月内的毕业生打电话调研，了解学生就业情况，作为衡量大学水平的重要因素。第二个调查是收入调研。该调研是通过税务部门了解每个学生缴税的情况，以调研和判断学生收入情况。

第三个调查是卓越教学框架调查（类似国内教学评估）。通过该调查，把所有英国学校评为金、银、铜等级。这是一个非常重要的指标，具有极强的说服力，彰显大学的教育水平，对高中生选择大学很有借鉴意义。

为了帮助学生找工作，学校还做了以下工作：一是开设就业指导必修课或工作坊，二是课程之外的求职培训，三是一对一咨询服务，四是实施一揽子培训计划和振兴计划。一揽子培训计划就是帮助学生搜集更多信息的渠道，并对积极参与的学生进行鼓励。振兴计划就是对贫困学生进行就业指导。此外，高校有相关的国际学生网站，上面会有一些就业信息，并有一个专门针对国际学生回国就业的网站。

（二）英国高校就业指导体系特点

（1）学生与事务管理人员的“雇佣关系”，对就业指导要求颇高。英国对就业指导有时作为单独工作进行审计，如果一个大学这方面工作做得比较好，则可以不用审计。英国的质量保证署对各个领域，包括就业指导工作都有规定。此外，英国政府部门还对所有面向学生提供就业指导的机构进行评估，如果各个高校要成为英国就业指导协会成员，必须通过相关评估。如今，英国大学越来越重视毕业生成功与否，越来越重视校友的未来发展。原因是近年来学生的学费系统发生了很大变化：以前学生不用付这么多学费去上学，现在的学生每年至少支付 9250 英镑的学费（大多数学校收费都一样），而英国普通家庭税前年收入仅为 20000~30000 英镑。学生支付高昂学费，学校认为应该对学生给予更多关注。比如学生希望得到高等教育投资的回报，所以在学校开放日，学生非常关心的是就业和工作申请。英国高校学生事务管理者也抱怨，由于学生和大学之间关系的改变，自己和学生以前是伙伴关系，现在更像是雇佣制的合同关系。

（2）完善的组织架构，保证了学生事务管理人员指导学生就业。AGCAS（全英毕业生就业指导协会）是英国就业指导机构，代表所有就业咨询部门，负责向政府反馈，在政府制定政策时发挥影响。AGCAS 在保证全国毕业生就业工作水平提高方面做出了很多成绩，如学校推广、培养就业指导人员、推出评估工作等。AGCAS 还与商业机构 HE 之间有密切合作，该商业机构收集最新的就业信息，高校可获取并向毕业生提供服务，还负责就业工作研究。英国高校学生就业服务采取立体式的服务方式，对学生的就业指导服务中心的服务内容与方式包括一对一咨询、小组活动、就业讲座、人才市场信息发布、雇主联系、开设职业教育必修课等方面。

（3）就业服务发展繁荣，完善就业指导体系。大学中通常都开设就业服务课，设置就业部门，帮助学生参加面试、撰写简历、找到工作。根据大学的不同，每个大学约有 5~90 名员工为大学生就业提供服务。英国最早的就业指导来源于 1892 年在牛津大学成立的任命委员会。当时就业指导中心归属于学生工作部，有些高校这一部门划分现在已经改变，但部分大学一直延续至今。20 世纪 60 年代，随着学生数量的增加，高校出现了专门的就业指导执行官。20 世纪 70 年代，经济出现困难，各高校任命了更多的就业指导咨询师帮助学生，他们主动走到学生当中去提供帮助。从以下案例可以看出就业指导咨询师在学生择业时发挥的重要作用。

毕业季将至，一名学生对就业比较困惑。其他同学已经开始参加招聘会，或计划继续深造，但她个人很困惑，不知道该干什么。当事人上大学之前曾经设想当一位教师，并在一个心理门诊实习过。但很不喜欢心理门诊实习生这个工作，认为自己是配角，跟病人打交道的时候，如强迫症或抑郁症患者，在那做咨询的时候感觉自己就是病人，同时感觉自己工作不愉快，受到威胁。但她却又很喜欢与人打交道，爱听别人倾诉，处于自我矛盾中。

咨询师采取的策略：一是给当事人提供物理上和心理上的空间，使当事人觉得指导过程轻松愉快，建立起相互信任。二是帮助当事人把注意力集中在个人价值观和不同经历上，帮助当事人反省、总结和再解释。三是从时间上帮助当事人梳理过去、现在和未来的想法。四是帮当事人分析其人生中经历过、发生过的事情。经过 30 分钟的咨询和指导，咨询师帮助当事人分析出其实她并不喜欢教师这个职业，而是喜欢从事慈善类等，能够帮助人却又不存在商业和市场营销的行业。咨询师在做完咨询后，制订行动方案，并建议当事人去做一些自己喜欢的事情。实际上，这是咨询师用建议帮助当事人拓展自己的行动计划。当咨询师提出这些建议后，当事人担忧可能错过一些申请攻读更高学位和就业的机会，这证明当事人其实是很焦虑的，咨询师建议其申请前收集更多的信息，也可以再次来咨询——下次咨询的是进一步深造的问题。这实际上是帮助当事人打消焦虑感，使当事人能制造出获取信息的空间。

事实上，学生在不同阶段表现出来就业趋向并不一致，但基本内涵是可以识别出来的。就业咨询的目的就是帮助学生尽早识别出自己的价值和信仰，使学生在就业时有正确的选择。

【经典案例】

（一）雷丁大学就业指导工作

20 世纪 60 年代，英国政府认为大学毕业生满足不了社会的需求，英国高校开始第一次扩招，全英高校从此开设了自己的就业指导中心，即 CAS（Careers Advisory Service）。雷丁大学就业指导中心也是那时候成立的，1968 年独立出来，至今 50 余年。当时独立出来后，并未意识到后来会遇到诸多困难，如资金问题、走出去获取就业信息机会较少等，这些问题导致了 CAS 不得不大规模扩张。

1990 年，CAS 意识到，不仅要帮助学生找工作，还要帮助学生准备好找工作，就任命了两位人员，一位负责职业生涯规划教育，另一位负责就业技能教育，同时成立了职业介绍所，帮助学生找兼职工作（学期内，每周兼职不得超过 16 小时）。从 2000 年开始，CAS 意识到应该为学生就业生涯规划进行指导，从 2001 年开始，将就业指导课程纳入必修课。2003 年，职业生涯规划成为雷丁大学的必修课。2004 年，该中心被表彰为优秀中心，建立了网上学习空间（destination）。在英国，学生就业情况，如学生的就业能力、学生民意调查中对学校的满意度等，已经成为大学排行榜的参考因素。

雷丁大学 CAS 工作人员分为办公室主任、雇主服务、计算机和毕业生数据普查助理、会计人员、信息人员、接待处接待学生人员等。传统意义上，该校的就业指导工作的作用在于：一是进行一对一的个体或小组式指导，尊重学生规划，与学生一起找出自身的优劣势，推荐学生见习期到一些用人单位并指导学生从这些机构中得到帮助。二是通过电子手段进行信息帮助。三是学校与雇主间密切联络，指导学生进行实习。目前就业指导中心在传统基础上增加了工作服务，并形成体系。如“一对一服务”帮助学生在入校前选择正确专业；“实习制”是在暑假帮助学生找到与自己专业密切结合的领域进行实习；“课程与就业相融合”提供职业生涯规划技能培训课，学生事务管理人员协助教学部门上好职业生涯课，与教学部门一起制定学生职业生涯个人发展规划；“终身指导模式”为毕业后的学生提供相应的职业指导服务；“校友会模式”在校友寻求建议时给予帮助。

雷丁职业生涯技能培训课是本科教学大纲的一部分，这也是全英唯一一所设置了该内容的高校。这门课主要是让学生了解自己的优势，毕业后有哪些适合的工作，帮助学生根据他们的职业想法开展研究，帮助他们实现有效的申请，提高其就业能力等。主要方式为课堂授课、网上在线学习、完成作业和考核。这一系列环节中只有考核，与就业指导中心无关，是由教学人员完成的。此课在三年学制中的二年级开设，但第一年会有所介绍，三年级进行回顾并运用到求职中。课程的实施主要有以下几种模式：专家式，顾问式（向教学部门提供建议，由教学部门开设此课），并列式（就业指导部门与教学部门共同开展），集成式（教学部门与就业指导部门一起协商如何开展）。

针对学生特点，雷丁大学就业指导的工作理念与方式会进行相应改变，工作目的是帮助学生到达理想彼岸。方式转变主要体现在宣传材料要吸引学生，才能对学生有启发，活动要寓教于乐、要认识每个学生的个性化并做出针对性服务。这也切合雷丁大学就业指导的理念：以学生为中心，让学生参与、实践。该校还有很多助推学生就业的特色做法，比如以下做法：

（1）工作坊。学校内有 100 多个工作坊，用于训练学生的职业能力，包括职业选择、职业探索、简历撰写、面试技巧、人际关系、网络与行业知识。坊内提供一对一的建议服务，分为 15 分钟、30 分钟和不限时访谈。近几年，每年有将近 4000 位学生享受一对一预约服务。

（2）红色奖章计划。这项活动主要针对大学一年级学生，要求学生课外进行 50 小时的活动。其中包括至少 5 个小时的“阶梯式”培训，例如就业部门、学生会、IT、图书馆和学习支持部门的培训等；至少 10 小时志愿服务；剩下的 35 小时是“核心活动”，如有偿工作、实习或志愿服务等。每年有 600 名学生完成这个奖项（500 名新生和 100 名老生）。完成者可以获得一张由校长签发的奖状。

（3）成长导师计划。学校就业部门会去参加校友会，向校友发出邀请。想要成为导师的校友需要填表申请，说明专业职位和为什么要做导师，正式成为成长导师之前，需要通过在线培训。导师的职责是在为期一年内，每 8 周与学生通一次电话或电视电话，与学生交流并给出指导，且是无偿志愿服务。学校鼓励学生与校外导师联系，大概邀请有了 500 位校外导师，主要由雷丁大学的校友组成。成长导师计划主要针对二年级的学生，学生在导师指导下开展活动，成长导师对学生的职业活动和服务起到了巨大的正面影响。

（4）专业实习年（PPY）。这个计划非常具有英国特色，大学生在大学学习两年后，可以到公司去实习一年，一年之后再回来大学学习。

这些学生倾向于毕业后获得更好的工作，所以雷丁鼓励学生参与这项计划。学生参与 PPY 需要克服很多困难，比如需要搬家、到另外一个城市，这也使得职业与就业能力团队的工作更加艰难，需要做一些工作说服学生克服困难。不过，学生实习回来后会感觉非常值得。在 PPY 计划里，学生实习一年，学业就要顺延一年。

雷丁大学的就业指导工作专业化强，指导细致，就业指导与社会资源的衔接很好。由于国内与英国就业的评价指标不一致，因此就业指导的内容和服务的侧重点也有所不同。国内主要是追求就业率，在英国除了就业率外，非常重要的评价指标是学生是否找到与大学所学专业相匹配的工作的比例，也就是人职匹配或就业质量。因此，我们的工作主要是为学生找到一个工作，英国大学主要是为学生找到一个学生感兴趣、适合学生的职业。目标差别导致了在工作中英国的就业指导更加专业化，更加考虑学生自身的优势与劣势和用人单位需求的一致性，更加强调学生即消费者、用人单位即雇主的角色，服务性更加突出。举个例子：在就业指导中信息的收集无论国内还是英国都是一项重要的工作，区别在于，英国就业信息的收集做得非常全面，包括公共事业部分信息、职业资讯、雇主信息及网站、海外工作信息、即将毕业的学生在英国工作的前景信息等，信息工作人员定期对信息进行更新，信息列表可在网上浏览，也可以有书面材料。各信息之间可以相互参照，使学生能够全方位系统地进行比较和考虑，然后做出判断。心理咨询中心设置有资料室、会客厅、工作室和咨询室等，可对学生进行一对一咨询指导。同时，就业指导中心有一整套科学的工作流程，从接待开始，提供信息，快速查询，对学生进行相关测试，到发现学生优势、喜好与真正需求，咨询指导，对特殊专业的外部专门咨询，在每一个环节中又辅助有其他多种途径和手段。

针对有创业意向的学生，雷丁大学每年秋天会有创业主题的啤酒节，邀请成功的创业者回学校进行交流。学校的创业培训主要是在亨利商学院，亨利商学院会对有创业想法的学生进行非常专业全面的商业培训，并且全部免费，但是会有学分要求。

（二）巴斯大学就业指导工作

英国巴斯大学就业指导的突出特点是学生实践，也就是帮助学生获得一定的工作经历。学生实践主要分为三方面：一是学生实习，属于学生学位课的一部分。二是见习工作，主要安排在暑假，有的与学位有关，有的无关。三是打零工，学生利用学期间的业余时间从事的较低级的工作。

巴斯大学就业指导中心的人员配备分为三组：职业咨询、信息收集和雇主联络,分工细化明确。就业指导中心为学生提供一对一的指导，帮助学生提高自我意识，使学生更了解自己，从而按照自己制定的目标发展，并在一段时间后再回头检讨自己的选择正确与否。工作人员还组织照片展活动，组织企业进学校；为学生提供空缺职位信息；帮助学生在校期间获得锻炼的工作岗位,进行技能培训等。值得一提的是，在巴斯大学，是由学生自己决定是否去就业指导中心接受指导，并非是必须的，这一点，与英国其他的大学不同。

就业指导中心认为技能培训是学生学业的重要补充。现代大学生希望毕业后有好的工作，学生家长也希望学校能有效证明孩子在某大学毕业后有工作，学生有好工作也是对大学的宣传。通过与雇主、企业的密切合作，学校可以获得企业支持，如研究项目和相关赞助（奖学金、学科建设、教学楼、设备设施等）。巴斯大学还做出以下几点计划：一是致力于使用新技术新手段，如远程通信等为学生提供就业服务，包括已经毕业的学生。二是与雇主加强合作关系。就业指导中心要跟上时代的变化，更快捷、更灵通地获得雇主信息。三是为学生提供专家式服务。四是在更宽广的范围内为学生发展作出贡献，如与学生会合作开设了一个项目：巴斯大学认证资格证书，为学生进行技能培训。

三、相关借鉴与启示

英国高等教育以培养学生的独立学习能力和适应社会的就业能力为核心，培养出了大批的创新型人才，使得英国的科技水平世界领先。在就业指导方面，具有鲜明的特色和良好的实际效果，其中的一些做法值得中国高校参考和借鉴。

（一）充分发挥学生事务管理人员优势

辅导员平时和大学生接触最多，具有独特的角色优势。因此，辅导员可尝试在以下几个方面参与和开展大学生职业生涯规划教育。

一是构建清晰的工作体系。以构建精细化生涯规划落地系统为目标，通过大量学习与实践，以打造教练型辅导员及教练型学生骨干为主要目标，同时通过团体工作坊与训练营、校友访谈、线上线下的个体咨询、线上微课等方式为有需求的学生提供持续的支持与服务。

二是搭建线上平台，全面服务广大学生。通过微信公众号、微博等学生感兴趣的现代社交媒体平台，发布相关信息，在潜移默化中影响学生，帮助学生形成良好的生涯规划意识，树立正确的就业观，提高就业能力与职场适应力。

三是尝试多种学习方式，探索“教练型”辅导员成长模式。通过向书本学习、向他人学习与向实践学习，同时用“强输出”倒逼“强输入”的方法，初步构建“分享专业书籍 + 内训 + 外训 + 研讨 + 观摩 + 研究 + 实践 + 反馈”等“八位一体”的辅导员共同成长模式，促进辅导员专业化水平的快速提升，更好助力学生成长。

（二）多举措助推学生就业指导

英国高校学生就业服务采取立体的服务方式，对学生的服务非常及时有效。我国高校各部门，特别是学工部门，要善于帮助学生实现个人发展与职业目标的合理匹配，实现他们个体价值的最大化。应采用就业指导与各项工作相结合的立体式服务，帮助大学生树立正确的就业观和成才观。

一是尝试将“教 + 练”有机结合，探索学生职业生涯成长体系。我国高校可以结合学生成长需要，通过集训为每名学生配备导师、组建伙伴群、创建青春榜样等方式，持续实践与督导 100 天，并开展大学生研讨与成果展示等环节，帮助学生更好地进行职业生涯规划。

二是面向全体学生，尝试推出体验式生涯教育与服务。结合大学生各阶段的发展需求，开设生涯规划、素质提升与就业指导等主题体验式工作坊，并重视解决个性化问题，开展个体咨询，持续为有需求的学生提供成长支持。

三是开展校友访谈，拓宽职业视野。招募政界、商界、教育界、科研界等领域的知名校友回校分享经验，可以帮助学生找准职业定位。同时，对这些校友进行深入访谈，可以从多个角度了解企业特点与人才需求，从科研、人力、财务与销售等角度了解岗位特点及能力要求，有效拓宽学生职业视野。

（三）着眼于学生终身发展

我国高校的学生就业团队通常叫做“就业指导中心”，这里面的两个关键词“就业”和“指导”某种程度上反映了高校学生就业工作的逻辑起点。“就业”的概念关注的是毕业年，生涯意识觉醒晚，因此学生往往到了大四、研二、博三才开始考虑找工作的事情，而此时往往毕业压力也最大，所以确定工作行业、地域、用人单位时容易缺乏深思熟虑，不可避免会出现“入错行”的情况。“指导”包含了职业生涯教育活动中的教育、引导和服务概念，是一所大学的学生事务工作团队对于学生应该给予的支持和帮助。雷丁大学的红色奖励计划，实际上将学生的职业生涯规划活动提前到了大学一年级。学生们通过完成 50 小时的活动，自主确定目标、自主寻找信息、自主管理时间，实际上充分锻炼了他们根据外部环境和自身特点，不断调整未来发展规划的能力。这种能力一旦建立，未来即使外部环境不断变化，学生也能够应付自如，不容易出现“迷茫”的现象。当前，我国部分高校的学生就业团队已经将“就业指导中心”改名为“职业发展指导中心”或者“就业服务与职业发展中心”，标志着“就业指导”逐渐递进到“职业生涯教育”和“职业生涯辅导”，从帮助学生找到一个好工作，转变成指导学生开展人生发展路径的设计与规划，帮助学生在毕业阶段做出最合适的职业选择，更支持他们获得在不同的人生发展阶段做出科学决策的基本技能；既关注学生当下的现实需求，更着眼于学生的长远需求和终身发展能力。

相对于整体就业率，英国高校更关心高质量的就业率，他们认为符合大学生专业水准的工作为高质量就业。因此，本着以人为本的服务原则，我国学生事务管理人员也应该帮助学生进行高质量就业。首先，辅导员可以鼓励优秀大学生通过考研升学、出国留学等方式继续进行深造，寻求更高起点的发展平台，为今后的就业做好更充足的准备。当然，对于盲目考研以逃避就业压力的学生，辅导员也要及时帮助他们摆正心态，认清当前形势，从他们的自身条件及经济社会发展的外部环境，帮助他们正确定位、正确认识和正确选择。其次，辅导员要加强大学生的创业教育，帮助有志于创业的大学生通过自主创业实现人生理想。

第五章　中英高校学生资助与心理咨询工作

第一节　中英高校学生资助工作比较

近年来，由于高等教育逐步由精英化转向大众化，各高校招收的学生越来越多，学生之间的地域及家庭差异逐渐明显。为了保障教育的公平性，让每一个学生都能有平等接受教育的权利，国家十分注重对高校学生的培养。为了使家庭经济困难的学生能够顺利完成学业，在经过十几年的摸索和发展后，我国建立起了一套多元化的资助体系。

一、中国高校学生资助概况及相关政策

（一）国家资助体系趋于完善，有效保障学生完成学业

中国高校资助体系包括“国家奖学金”“国家助学金”“国家助学贷款”和其他各式各样的资助政策，目的是帮助每一位需要帮助的学生顺利完成学业，实现不让任何一个学生因贫困而辍学的目标。国家各类资助政策主要有国家助学金、国家助学贷款、国家奖学金、国家励志奖学金、师范生免费教育、退役士兵资助、勤工助学和其他资助政策。部分高校还有优秀校友、教工或社会爱心人士捐助设立的奖助学金。

随着国家精准扶贫工作的持续深入和网络技术的发展，学生及其家庭对于资助政策的了解会越来越多，因经济困难上不起学、吃不饱

饭的情况越来越少。但学生对具体的资助政策还有些拿不准，有些能享受的政策未能第一时间享受，因此资助政策的宣讲，尤其是精准宣传尤为重要。每年8月，我国学生事务管理工作者在拿到新生数据，组建网络联系平台后，会专门给学生讲解国家及学校的资助政策体系，帮助新生全面了解有关政策，并将资助政策覆盖到每一个人。详细介绍国家助学贷款政策，帮助新入学的困难学生解决学费和住宿费等后顾之忧。政策宣传到位后，辅导员会通过与家长联系、班级学生谈话、与高中班主任沟通、入学资料核查等方式对班级学生进行家庭情况归档归类，切实解决学生经济困难。在学生入学后，工作人员会帮助有意愿从事勤工俭学的学生与学校图书馆、后勤处等部门联系，寻找勤工助学岗位；帮助家庭存在经济困难的学生办理助学贷款，申请学校奖助学金及各类资助；鼓励品学兼优的学生努力学习，争取申请各级各类奖学金。辅导员（班主任）还会在每学期放假前，鼓励学生通过社会实践回高中母校“现身说法”，通过走访、座谈、参加志愿服务等方式,向高中生介绍学校的资助政策,比如“国家奖助学金”“绿色通道”等。在学生临毕业前，辅导员（班主任）会及时向基层就业毕业生讲解我国关于就业支持的相关政策，向应征入伍、退伍学生介绍有关学费代偿政策，全力做到现有政策精准全覆盖。

（二）资助政策落实与公平评选保障

我国很多高校为了确保政策能够落地，真正惠及困难学生，帮助困难学生，设立了资助工作组及督导组。工作组一般由学校资助管理中心的工作人员及辅导员、班主任完成，学生干部、随机抽选的普通学生和学校纪委都有可能成为督导组工作人员。工作组会通过学生家庭情况、在校综合表现、学生参评意愿，指导学生办理资助手续，同时做好学生的心理辅导工作。如部分困难学生怕被同学笑话，为了自尊不想申请，辅导员会通过谈话等方式，让学生感受到国家政策与学校大家庭的温暖，鼓励学生拥有积极乐观心态，正确认识有关资助。

督导组会对学生参评材料进行二次抽选，要求资助工作组公示参评结果等，保证资助工作的公平性。但保证公平性的同时，没有很好地保护学生隐私，容易导致学生自卑心态的产生。目前很多高校已经对该项工作进行调整，例如使用大数据分析学生校园卡月均消费，并与辅导员日常观察相结合，对困难学生进行非公开建档，以校方名义悄悄给学生的校园卡充值生活费。还有学校老师、辅导员自掏腰包，默默支持学生完成学业，这也是我国学生事务管理者的闪光之处。

（三）开展发展性资助项目，提升学生能力素质

近年来，国家非常重视发展性资助育人工作，每年的工作要点，都会提及这块工作。发展性资助项目是在保障学生吃得饱、穿得暖的情况下，注重学生在思想政治与道德素质、社会实践与志愿服务、创新活动和创业意识、文体艺术与身心发展、职业技能培训等多个方面素质的培养和提升。比如组织困难学生出国出境交流学习，开拓国际视野；组织困难学生参加志愿服务和社会实践，增强他们的感恩意识和服务社会意识，提升他们的能力和素质。从思想政治与道德素质、社会实践与志愿服务、创新活动和创业意识、文体艺术与身心发展、职业技能培训等模块，以必修和选修的课程形式提升家庭经济困难学生的综合素质，邀请教师、高年级学长做指导教师，引导他们全面提升。

【经典案例】

安徽科技学院支持建设的资助育人辅导员工作室，结合学校实际情况，打造了一系列学生资助特色项目，把助困与育人、心理帮扶、立志成才等有效结合，形成全员育人、全方位育人、全过程育人的生动局面。

一是对标国家资助政策，对“精准资助”进行建设。在学生资助过程中，学校坚持做到“四个精准”，即认困精准、程序精准、资助精准、育人精准，工作室依据国家政策方针，进行“精准资助”。

二是学生资助与责任成才融为一体，建设学生资助品牌活动。把解困与育人相结合，初步形成“解困—育人—成才—回馈”的良性循环。根据学生内在需求，举办不同类型、不同风格的主题活动，如“自立自强 · 励志成才 · 报效祖国”大学生演讲比赛、“助学 · 筑梦 · 铸人”主题征文、“安徽科技学院优秀大学生成长事迹报告会”、支农支教支医等。建设1~2个品牌项目，激励更多的贫困学子艰苦奋斗、努力拼搏。同时，鼓励家庭经济困难学生创新创业，积极投身“互联网+”、挑战杯等活动中去，锻炼自己，提升自己的实践能力和竞争力。

三是学生资助与心理帮扶有机结合，对受助学生进行心理健康教育。高度关注家庭经济困难学生的心理健康状况，把经济资助与心理帮扶有机结合，注重培养学生四个“自信”，即学业自信、能力自信、人格自信、心理自信，实现学生全面发展。为此，工作室由具备国家二级心理健康资格证书的老师担任负责人，对家庭经济困难学生及心理困惑学生开展帮扶活动，对家庭经济困难学生进行“四类”排查、谈心谈话、学业规划等，对学生及时开导，避免学生因家庭经济困难而产生自卑、偏激、孤僻、消沉等不良情绪。

二、英国高校学生资助概况及相关政策

英国作为世界上最早开始实行高等教育的国家之一，其高等教育学生资助政策由来已久，至今历经了100多年的演变与发展，已经形成了较为完备的高等教育学生资助体系。在这100多年的历史演变中，英国的学生资助政策也历经了多次变革。

（一）政府提供贷款和助学金

英国在1977年以前实行的是“免费上大学”的学费政策，学生上大学是不需要收取费用的。但为了促进教育公平，高等教育由原本的精英化转为大众化，开始不断向大众普及，原本的“免费上大学”的学费政策已不能顺应社会的发展，高等教育进入了收费阶段。之后，

英国又对高校的收费政策做出了进一步的改革，在2004年出台的《高等教育法》中提出取消预付学费的相关规定，开始实行“先上学，后付费”的全新的学费政策。基于学费政策的改变，英国之后开始实行了一套新的面向高校学生的资助体系。这个资助体系实行“先上学，后付费”与“差异收费”相辅相成的高等教育学费政策。这种学费政策在《高等教育的未来》白皮书发表时被正式确立。白皮书中明确规定，各高校可以自主决定在1000~3000英镑范围内收取学费，改变了原本的先交学费再上学的“预付学费”政策，并将其转变成“先上学，后付费”的学费政策。这种政策通俗来说就是允许所有学生可以先上学，等到他们毕业后，并拥有了一定的经济能力以后再缴纳学费。这在一定程度上促进了高等教育的公平性，在白皮书颁发后，这种学费政策获得了英国政府的批准，将其纳入了《2004年高等教育法》。

英国政府资助体系有以下几大类：

（1）完善的助学贷款体系。英国专门成立了学生贷款公司（student loans company），负责发放学生贷款，处理包含最高达9000英镑的学费和生活费的贷款事宜。英国国家助学贷款分为三部分：学费贷款（tuition fee loan）、生活费贷款（maintenance loan）和生活费助学金（maintenance grant）。学费贷款额度与学生所在学校的学费额度相关，如果学生的学费超过其最高额度，超出的部分由学生自行承担。学生申请到的学费贷款由学生贷款公司直接划拨到学生所在高校。生活费贷款数额会因为学生的居住地点、家庭经济情况以及家庭所在地和学校所在地之间的消费差异而不同。但是英国的生活费贷款一般只面向英国本土的全日制学生，来自其他国家的或是非全日制的高校学生除特殊情况外不具有申请生活费贷款的资格。学生申请到的贷款将会由贷款公司直接发放给学生。

助学贷款是英国在高等教育阶段最为主要的资助方式，助学贷款由学生贷款公司直接管理，申请程序简单方便、专门性强，因此英国助学贷款的回收率高。除了学费和生活费贷款之外，英国还有数以千计的各类机构或组织为学生提供奖、助学金，他们通过不同的方式给予学生资助，如有的提供专门的奖学金系统供学生了解或申请，有的通过学生贷款公司来操作。英国学生联合会每年都会发布一本当年的介绍指南，指南汇集了所有提供的教育类奖、助学金，补助的机构、种类、标准、面向的群体和申请方式等信息，学生可以在全国各大图书馆查阅。这些补助能在很大程度上缓解经济困难学生的压力，同时也能缓解学生毕业后偿还贷款的压力。

英国还推出了视毕业生薪资水平决定偿贷金额的学生贷款制度。当学生毕业找到工作、收入达到一定水平时，即当受教育者的教育投资开始产生实际报酬时，学生才开始分期偿还本息。英格兰大学的学生毕业后，并不需要马上偿还贷款，而是他们年薪超过 2.5 万英镑（这个界限从 1.5 万英镑、2.1 万英镑涨至现在 2.5 万英镑）以后才需要偿还，偿还金额是 2.5 万英镑以上部分的 9%。年薪超过 4.1 万英镑的学生需支付 3% 的学费贷款利息。这样的付款方式持续到还款结束。对毕业后 30 年仍未偿还完的学费贷款将会一笔勾销。实际实施时，这个系统更像是一个税务系统，而不是贷款系统。

英国的国家助学贷款更像一种全民福利。国家助学贷款对申请者没有年龄限制，从 18 岁的大学生，到 60 岁想求学的老人，都可以申请该助学贷款。学费贷款和生活费贷款都是在学生毕业且有收入后才开始偿还，学生如果一直没有收入，则无需偿还。每项贷款都和学生的国家保险号码（National Insurance）捆绑在一起，学生毕业并工作后，助学贷款的回收由国家税务部门负责，贷款回收率高。

一个好的回收机制可以帮助助学贷款的有效实施。英国的国家助学贷款回收机制十分完善，将国家税收部门作为助学贷款的回收机构，并且学生申请的每项贷款都和学生的国家保险号码捆绑在一起，就算学生毕业后分散在全国各地，国家税务局也能通过征信系统及时并且准确了解到每一个学生的现状。当学生毕业找到工作并且年收入达到了相关标准后，税务局就将会以税务的方式自动扣除学生应偿还的贷款金额。英国的助学贷款不计入学生的个人信用系统，不会影响学生毕业后申请房贷、车贷。英国的学生助学贷款的还款制度比较人性化。如果一个办理了助学贷款的大学生毕业后长期处于失业状态，或是其年收入达不到国家规定的还款标准，那么当这名学生年龄达到了 65 岁后，政府就会为其偿还他所欠下的贷款并将他的贷款记录核销。

（2）各类奖助学金与勤工助学等相辅相成的学生资助体系。与中国类似，英国也设有各类奖学金，对那些品学兼优的贫困学生进行资助和鼓励。但英国的奖学金与中国有一些不同，中国的奖学金主要依靠政府支持，靠中央财政进行拨款，而英国的奖学金大部分来自各个高校的优秀校友以及社会各界爱心人士的捐助，其中有的捐助是面向个人的，因为有的校友会指定他们的捐助对象。英国的助学金的种类齐全、形式多样，对于各类困难学生都有考虑，针对性强。

财务支持办公室对学生展示申明困难补助的计算方式和发放标准，工作效果的评估主要看困难补助的发放是否覆盖了足够的学生，并是否试图覆盖更广泛的学生群体，如果覆盖不足将会通过奖学金等方式发放。困难补助发放主要针对英国学生和欧盟学生。

助学金的种类有：

1）生活补助金。这类补助金与前面提到的生活费助学贷款十分相似，都是为了资助学生在校日常生活方面的开销，以减轻其生活压力。生活费补助金所能申请到的额度也是根据学生的家庭收入差异而不同。这类补助金将会直接打到学生的银行卡账户上，并且是不需要学生进行偿还的。

2）特殊补助金。这一类补助金主要面向的是一些有特殊困难的学生，例如单亲家庭，学生身体有残疾，学生自己或是家庭成员患有重大疾病等，只要符合政府规定的要求，就能申请的一类补助金。

3）其他补助金。这类补助金的分类多种多样，以使各种困难学生能够真正得到帮助，促进高等教育的公平。其分类主要有“残疾人津贴”“赡养成人补助金”“育儿津贴”“家长学习津贴”“旅费补助”等，形式多种多样，针对性也特别强。

奖学金的种类也较为繁多。以雷丁大学为例，除了国家和学校的奖学金外，还有来自校友或爱心人士捐助的奖学金。每年约有12笔这样的善款，某些校友会有一些特定的捐助对象。财务支持办公室有各种费用说明告知学生，要求学生按时提交申请。例如：

1）隶属美国教育部的专项奖学金，主要用于资助来英国学习的美国学生。

2）雷丁奖学金（所有年级学生都可以申请）。雷丁奖学金可以充当学费，也可以充当生活费，一般每学年发放两次，10月与次年2月，家庭年收入少于2.7万英镑的学生可以申请。这个标准由国家相关部门制定。家庭年收入由政府相关部门评估，学生必须填写同意书让他们来评估，学校根据他们的评估结果发放奖学金。这项工作由财务支持办公室执行。

3）先锋奖学金，主要针对家庭年收入2.7万~3.5万英镑的家庭，一次发放1000英镑，只针对一年课程学生。

4）收养、寄养奖学金，针对政府收养或寄养的学生，每年1000英镑。脱离家庭的学生，也可以申请这个奖学金。

5）实习奖学金。就业能力是大学培养学生的一项重要能力，所以大学想给学生提供实习方面的支持。实习奖学金主要用于实习期间生活费或路途的费用。

（二）学生事务管理中心提供资助支持

以雷丁大学学生事务管理中心提供的支持为例。大学提供的助学金、资助等，主要是为了吸引学生报考雷丁大学，尤其是有特殊背景，如家庭收入较低的学生。如果学生家庭年总收入不超过45000英镑，学生每年都可以获得和领取各类资助，一年最多可以有1385英镑。如果超过45000英镑，则不能申请。大学还提供特别奖学金，如学生的“A level grades”成绩非常好，雷丁大学可提供2000英镑特别奖学金。

学生在就读期间，可能会遇到生病或父母失业等意外变故。为应对意外状况，大学还成立了“维持学习基金”，以支持学生完成学业。英国所有大学都有类似的基金，这些钱是不需要偿还的，学生每年最多可申请3500英镑。

英国高校都设有专门的组织对勤工助学进行系统化管理。勤工助学系统由人事部、学生会和学生处组成，为学生提供校内外勤工助学的各类信息，并帮助他们选择适合的岗位。人事部主要负责校内勤工助学信息的发布以及人员的招聘和管理，校外岗位则由学校的就业服务办公室管理。学生可在学校的相关部门获取关于勤工助学的相关信息，并可以在全国范围内找到兼职的机会。但是英国政府对于学生进行勤工助学有明确的规定：学生兼职的单位给学生的薪资最低每小时不得低于5.62英镑，对于学生来说，其每周的兼职时间不能超过20小时。这样可保证学生既不耽误学业，又能获取一定收入减轻经济压力，还可以让学生有机会提前接触社会，提早适应社会。

（三）学生会在资助咨询中发挥的积极作用

英国政府曾调查认为学生不会理财，因此请财政金融局调查该事，并提出在高校设立“财务医生”（Money Doctor）的计划。这项计划采取的主要方式有讲座、工作坊、印刷宣传册、根据需求进行个别指导等。学生会有4名学生顾问，其中授课人就是顾问之一。主要工作就是学生的资助咨询工作。因为牵扯到钱的问题，这类咨询对学生以外的人是保密的。服务对象包括本科生和研究生，当然也包括已经毕业离校的一些学生。在校期间，学生可支配的钱并不多。学生会通过指导学生合理预算，制定宣传册告诉学生如何消费，到哪里消费更便宜等。包括购买的商品出现问题，指导学生如何退与维修等，学生会的学生顾问不是律师，但掌握消费者的法律知识，所以也提供这方面的支持。

学生会还有一大任务，是帮助学生找到资助信息，包括贷款、兼职、信用卡使用、英国的福利制度、对学生所提供的资助（困难补助、助学金等）。另外，指导学生开账号、开支票、使用现金和跟银行打交道，也是学生会财务医生的工作。比较普遍的现象是，大部分学生毕业时，最多者贷款额度高达 30000 英镑。很多学生毕业找到工作后，不懂得税务知识，学生会对税务方面也给予学生一定指导，如税交多了，指导学生如何去办理退税，尤其是国际学生，不知道在英国如何交税，学生会可提供相关支持。学生会这方面的工作的宗旨就是帮助学生提高财务管理技能。

三、相关借鉴与启示

从恢复高考至今，我国的高等教育也从精英化逐渐转向大众化，接受高等教育的人越来越多。我国地域辽阔，人口数量稳居世界第一，地域及经济差异尤为突出。虽然经过了几十年的不断发展，我国已经建立起了较为系统化的资助体系，但是在一些方面还需要不断完善。我们可以从英国教育改革之后建立起来的资助体系中得到一些启发。

（一）加大对助学贷款的宣传力度，增加其影响力

让助学贷款政策能够被更多的学生和家长了解并接受。在英国，助学贷款制度以及相关的要求几乎人人知道；在我国，虽然助学贷款政策已经实施了很久，但还是有很多的家长和学生不了解这一政策。这说明我国对于助学贷款政策的宣传力度还不够大，影响力较小。即使教育部有明文规定，各个高校下发给学生的录取通知书上也附有关于助学贷款的详细介绍，但由于受我国社会大环境的影响，很多人都对“贷款”二字心存顾虑，以至于部分学生和家长对助学贷款缺乏了解，甚至压根就不愿意去了解它。这就导致我国大部分经济困难的家庭不能很好地利用助学贷款这一政策，使得有些贫困学生由于家庭情况的制约未能接受高等教育。要使得这种情况得到改善，我们可以借鉴英国的相关做法，政府应该加大对助学贷款的宣传力度，简化一些

没有实质作用的程序，将助学贷款的资助性质和优惠条件简明扼要地进行展示，让助学贷款的作用能够被更多的学生和家长了解，使一些贫困学生和家长转变对于助学贷款的观念，让助学贷款能真正发挥作用，帮助更多学生。

（二）资助理念上，经济困难不是唯一衡量指标

英国的资助政策面向的并不仅仅是家庭经济困难学生。在助学贷款方面，只要有需求都可以申请；在奖学金和助学金方面，更多考虑的是不同类型的学生，如有赡养、抚养义务的学生，特殊专业的学生等。这为我们的资助工作提供了更为开阔的思路。特别是助学贷款，作为需要偿还的资助项目，除了带有政策性以外（如利率较低），其他方面和普通商业贷款无异。因此，没有必要设置严格的经济困难门槛，而可以适当放宽标准，向有需要（而非只是有困难）的人倾斜，以满足多元化的申请意愿，扩大贷款覆盖范围。

（三）设立专门管理学生贷款的机构，简化申请手续

虽然我国各地都设有学生贷款管理中心，但具体负责助学贷款资格审查、发放和回收的都是学校和经办银行，这就导致责任划分不明显。我们可以参照英国的管理机制，建立类似于贷款公司的学生助学贷款管理机构，专门负责学生贷款的各项工作，提高贷款回收率。近年来，虽然我国助学贷款政策不断趋于完善，但申请程序过于繁杂，这在一定程度上影响了学生办理助学贷款的积极性。再加上学费和生活费的不断提高，让原有的助学贷款金额难以满足学生需求，使得助学贷款的作用减弱。目前国家助学贷款的最高贷款数额为 8000 元，但如果根据不同地区、不同学校的学生制定不同的贷款标准，国家助学贷款就能更好地帮助学生，起到助学作用。

（四）多角度资助，实现物质帮助与道德浸润相统一

英国财务支持办公室不承担任何资助育人的功能挖掘工作，在奖

学金发放上比较注重仪式感。中国高等教育资助管理中心通过各种形式承担资助育人功能的挖掘和实施工作。

与英国相比，我国的资助政策体系完备，有国家奖学金、国家励志奖学金、国家助学金、国家助学贷款、基层就业学费补偿、国家助学贷款代偿、服义务兵役国家资助、师范生免费教育、退役士兵教育资助、学费减免、勤工助学、新生入学资助项目等在内的内涵更为丰富的学生资助政策体系，为家庭经济困难学生参与高等教育提供了切实有力的保障。资助工作者们在精准资助、资助育人方面的思考、研究、执行与推进有着义不容辞的责任感和使命感。当然，资助工作者也应该看到，在助学贷款网络系统的联动性、困难认定标准一致性、政策宣传、学生申请度等方面还有提高的空间，这正是我们需要思考和努力的方向。

学生事务管理工作人员在给学生评选奖学金时，可以通过网站、微信公众号、官方微博等多种渠道进行政策宣传，其他同学能够以奖学金获得者为榜样，学习他们在第一课堂、志愿实践、科技创新等方面的表现。同时将奖学金获得者与学业困难学生建立一对一帮扶，发挥他们的长处，帮助提升学业困难学生的成绩。而对于获得助学金的同学，可以引导他们合理使用资助，饮水思源，心怀感恩，回报父母、社会，同时能够更加努力，心怀梦想，追求卓越。在做家庭经济困难认定工作、学费贷款代偿工作时，可以引导学生诚实守信、实事求是。学生事务管理工作者要重视资助背后的育人效果，将育人作为资助工作的出发点和落脚点，从而实现物质帮助与道德浸润的双重效果。

学生资助工作是一项复杂的工作，涉及政策多，学生之间千差万别，而且事关学生切身利益，丝毫不敢也不能有一点马虎。作为帮扶助困的一项措施，资助工作的最终目的还是要育人。只有坚持学生资助育人导向，将资助工作落脚到立德树人，才能切实做好学生资助工作。

第二节　中英高校学生心理咨询工作比较

一、中国高校的心理健康教育工作概况

（一）中国高校心理健康教育的生成过程

1985年上海、杭州、武汉等地开始在学生工作中开展心理咨询活动。20世纪90年代由于学生的心理问题导致的各种问题逐渐增多，心理咨询受到了教育部门的重视和关注，2001年教育部下发《关于加强普通高等学校大学生心理健康教育工作的意见》，是心理咨询在中国高校初步形成的标志。以下是中国高校心理健康教育模式萌生、初步形成、发展和成熟以及日益完善的过程。

1. 中国高校心理健康教育观念的萌生

改革开放以后，心理咨询在中国高校的产生是由多种力量共同推动的。一是世界卫生组织提倡的健康观念。二是教育学、心理学方面倡导的心理教育。三是德育、思想政治教育方面的张力。正是在多种力量相互碰撞与共同推进的过程中，中国高校开始萌生心理健康教育观念，将心理健康教育观念引入高校学生工作，成为高校学生工作的内在组成部分和高校思想政治教育的“第二渠道”系统。

2. 中国高校心理健康教育模式的初步形成

2001年教育部下发《关于加强普通高等学校大学生心理健康教育工作的意见》，高校心理健康教育活动开始进入制度化建设阶段，标志着高校心理健康教育的初步形成。随后，教育部办公厅相继下发《普通高等学校大学生心理健康教育工作实施纲要（试行）》和《关于进一步加强高校学生管理和心理健康教育工作的通知》，对大学生心理健康教育的工作模式，特别是心理危机的排查、处理与转介等工作方式进行明确规定。至此，高校心理健康教育进入到稳定发展阶段。

3. 中国高校心理健康教育模式的发展和成熟

2004年，中共中央国务院下发《关于加强和改进大学生思想政治教育的意见》，将心理健康教育作为大学生思想政治教育的有效途径，提出要制定大学生心理健康教育计划，确定相应的教育内容、教育方法。2007年党的十七大报告将心理疏导纳入党的思想政治工作，作为新时期思想政治工作的新发展，报告提出“要加强和改进思想政治工作，注重人文关怀和心理疏导，用正确方式处理人际关系”[22]。这是中国特色的心理健康教育模式成熟与发展的标志。

（二）中国高校心理健康教育的特色及优势

1. 建设优秀心理教育团队，营造积极向上的氛围

目前，我国高校致力于打造一支具有心理学专业背景或者对心理健康教育具有浓厚兴趣的辅导员队伍，定期组织工作者就科研、学习、实践等方面进行学习交流，共同参与、承担学校各项心理健康教育、辅导员素质提升等工作。各高校打造的辅导员团队借助相关科研项目、课题、教材修订等机会让辅导员们能够参与到更加专业、更高层次的学术科研活动中来，并相互交流、相互督促，真正提升自身的学术科研能力和心理学专业素养，为培养专家型辅导员而不断努力。建设辅导员工作室，培养专家型辅导员团队，最终的落脚点是更好地教育、管理和服务学生，不断提升大学生心理健康教育工作的针对性和时效性。各高校学生事务管理工作者还全方位参与学生工作部门的各项心理健康教育工作，将专业化的知识和技能运用到为学生服务的实践中，切实提升心理健康教育工作水平。依托学校心理咨询中心，建设校内外心理健康教育素质拓展培养基地，带动更多辅导员参与建设高校心理健康教育示范中心。

2. 依托网络平台，打造心理健康加油站

部分高校的辅导员创新开展网络树洞解答活动，创新进行网络心理健康教育。通过学生匿名提交问题，老师公开发布回复的方式进行

心理辅导，内容涉及人际交往、恋爱情感、学业困难、党团工作等，起到了网络心理健康教育的功能。通过这类心理健康教育活动逐渐优化出一套个性化的日常辅导与咨询帮扶体系，有效地缓解了学校心理健康教育中心的预约咨询压力，逐渐打开校园市场，赢得来访者的信任和市场口碑。还有辅导员开设心理辅导微信公众号，根据学生的需求，利用新媒体辅助做好学生日常管理、心理健康教育、就业创业指导等工作，进行当代高校辅导员多途径、多渠道帮扶服务学生、教育引导学生的有益探索。在网络平台，高校学生事务管理工作者秉持“塑造灵魂、塑造生命、塑造新人”的宗旨，坚持“育心”与“育人”相统一，立足大学生心理健康发展的前沿领域，不断探索创新，具有鲜明的特色与创新性。

3. 心理健康教育与各项工作的有机结合

一是与日常管理有机结合。将心理健康教育纳入人才培养方案中，依托网格化管理，搭建“学院—班级—宿舍”三位一体的预警防控体系，建立心理危机预案机制。设置特殊学生“一人一档”制度，践行“重点学生关爱工程”，由专业的心理老师和班主任共同监管学生的心理变化，定期谈话，对于有特殊问题及需求的学生进行心理疏导并及时给予重点关注和转介服务，为大学生的健康成长创建一个和谐稳定的心理环境。

二是与生命教育有机结合。创新生命教育实践载体，提高思想政治教育实效。在实际工作中，多角度、分层次实施生命教育。全面推进新生教育工程，结合网络课程、安全演练等，对新生进行适应性教育、安全教育，为新生上好生命教育第一课，培养学生珍惜生命的态度和意识。围绕“知情意行”四维教育内容，建设一批生命教育课程群，讲授生命教育、情绪情感管理、心理素质提升、职业生涯规划发展等内容，推进生命教育在第一课堂开展，增强学生提升生命质量的能力。推进心理健康教育，注重校园文化建设，不断提升大学生人文修养和文化品位，凸显生命教育以人为本理念，启发大学生对生命的价值和意义进行多角度、深层次的思考与探索。多样化的教育载体，保障了生命教育工作顺利开展，切实提高了思想政治教育实效。

三是与特色活动有机结合。定期开展心理健康教育主题活动，如开展“心理健康运动会”和“5·25”大学生心理健康节等品牌活动；不断研究完善建立“四级”预警防控体系和心理危机干预工作预案；专项小组开发建设“大学生心理健康”和心理剧创作等在线课程。充分利用网络、广播、微信公众号等媒体，营造心理健康教育良好氛围，提高师生心理保健能力。

【经典案例】

西南大学设立的“叶海燕心理工作室”就是在新时代背景下建立的辅导员名师工作室，在心理健康教育方面卓有成效。工作室以“从心出发,立己达人”为愿景,聚焦“推动高校心理健康教育实践与创新”,通过搭建多个功能性平台，提升辅导员自身心理素养和心理健康教育职业能力，努力培养更多心态阳光、人格健全的大学生，有效维护高校和谐稳定、安定团结。“叶海燕心理工作室”全体成员，致力于把工作室建设成为心理健康知识的“宣传台”、大学生健康成长的“交流处”、辅导员心理健康素质和职业能力提升的“培训营”、高校心理健康教育的“研究站”，使工作室成为设计有高度、目标能落实、成果有实效、经验能推广的一流辅导员名师工作室。

“叶海燕工作室”努力打造一套完整的高校辅导员心理素质和心理健康教育职业能力提升路径，从左至右完成从职业化向专业化的发展，从上到下完成助人达己的发展与价值塑造，使得工作室的每个成员都能找到自身心理素质和心理健康教育职业能力提升的路径和通道，明确职业能力提升目标，达到工作室的团队愿景，建设路线如图 5-1 所示。

该工作室围绕“两支队伍”+“四个平台”开展建设，具体如下：

（1）两支队伍：辅导员队伍 + 学生队伍。

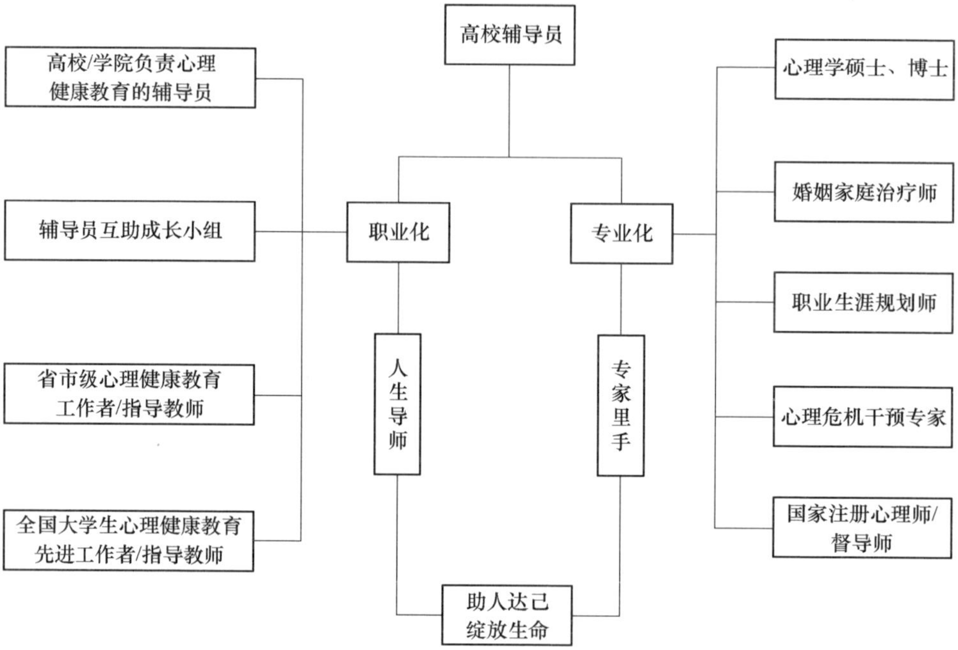

图 5-1　西南大学“叶海燕心理工作室”的组织结构

1）辅导员队伍：加强“叶海燕心理工作室”辅导员团队建设，将培训督导与人文关怀相结合，推动辅导员自我成长及心理健康教育的职业化、专家化发展。

2）学生队伍：培养“叶海燕心理工作室”的“叶子心灵”学生团队，将实践活动与咨询服务相结合，开展多种形式的线上线下心理健康教育咨询活动，推动学生团队的能力提升与自我成长。

基于马斯洛的需要层次理论，工作室设计了学生成长的层次模型，这个模型从上往下解决的是心理健康教育实践能力提升的问题，从下往上解决的是专业价值认同与自我成长的问题。一般来说，学生的问题多是意识层面的问题。心理学告诉我们，意识层面的问题，在潜意识层面里更容易找到解决方法。如果学生能将这 5 个层次都一致连贯，就会形成自己的成长模式。此模型能够帮助学生挖掘深层智慧，提升自我价值，丰盛心灵，成长为具有积极正面人生观的心理健康教育后备军。

（2）四个平台：搭建心理品质与心理健康教育能力提升系列平台。

一是建立网络宣传平台，创建“叶海燕心理工作室”微信公众平台。通过“邂逅心理大师”“心理学与生活”“心理热点分析”“研学心得”“辅导员心理健康”“大学生心理健康”等栏目，定期推送心理健康教育的知识、理论、方法，以及在实际学生工作中的案例分析、谈心谈话技巧、异常心理问题识别等。

二是建立“成长交流平台”，积极组织和建立大学生心理成长交流平台。通过组织参与重庆市“大学生心理成长论坛”活动、大学生心理志愿服务活动等，就高校大学生生活学习中遇到的心理困扰和心理问题，相互交流、碰撞经验、共同成长。

三是建立“咨询培训平台”，邀请心理学专家担任工作室的顾问。通过专题讲座、咨询督导、案例探讨等形式，切实提高辅导员自身的心理素养和心理健康教育职业能力。

四是建立“科学研究平台”，整合资源，加强研究。工作室聚焦“大学生心理健康”和“高校辅导员心理健康教育职业能力提升”进行深入理论探索和研究。

二、英国高校的心理咨询基本情况及特点

（一）英国高校心理咨询服务的基本情况

20 世纪 80 年代以来，英国高等教育迅速实现大众化，大学生群体的结构开始发生变化。女生比例增加，成人重回校园学习的比例也大大增加，学生性别结构、年龄结构有了显著改变。此外，有些学生半工半读，为校园文化注入了新的活力，国际留学生数量增加也让校园文化更为多元。英国高校给学生提供心理咨询服务的主要目的之一，是让学生可以直面心理困扰，顺利毕业。心理咨询不仅要帮助学生面对困境，而且针对全体在校学生开展有关心理健康问题的普及教育和

预防教育。心理健康问题主要是心理疾病方面的问题，除此之外，还有学生在高等教育中可能面临的问题，比如如何处理焦虑压力、孤独、思乡、对完美近乎偏执的追求等方面的问题。心理中心就是帮助学生适应这些压力和挑战，比如焦虑和过大的压力、对他人和自己的过高期待、个人问题等。有数据表明，学生对于心理咨询的需要正在逐渐增加。主要是学生进入大学时有各个方面的期待，部分学生希望通过咨询帮助他们解决心理健康方面的各种问题。为改善高校学生和员工的心理健康，英国政府会委托专门的健康机构给予帮助。

（二）英国高校心理咨询服务的特色

1. 咨询师专业化和职业化程度高，组织机构完善

在英国高校进行心理咨询的老师必须接受过专业培训，并拥有相应的职业资格证书，同时咨询师的学历也比较高，一般都有博士学位或硕士学位。心理咨询护士或取得心理咨询资格的社工，有 3 年以上从业经验。在咨询实践中，咨询师还要受到行业协会的监督，按照行业规范开展工作。

心理咨询中心的主要工作是为有需要的学生提供一对一的风险评估和咨询服务，同时联合校内其他团队包括宿舍管理人员、学生福祉团队、安保团队、个人导师等帮助学生。每人每年最多可以接受 6 门课程服务。学校的心理咨询中心还会雇用一些更高层次的专家来进行督导，向咨询师提供咨询和辅导。另外，心理咨询部门对咨询师的工作还会有一些专门的规定，比如咨询师和来访者关系的规定、保密制度、档案记录的专业化、法律责任问题等。英国大学心理咨询中心一般采取专兼职结合的工作方式，工作人员从事朋辈支持和咨询工作等。

英国牛津大学有各种学生支持的网络，不限于鼓励学生学习好，也鼓励学生身体好、参加各种活动，例如音乐会、运动社团（甚至有一个魁地奇和哈利波特社团）。学校还设有实验室奖学金，鼓励他们做实验；也鼓励学生四处旅行，当然与他们的学科相关，校方会提供旅

行补助；也为毕业生提供一些助教的工作等。有时候牛津大学校友也会给在校生提供一些捐助，共同给在校生营造一个和谐氛围。

2. 朋辈支持卓有成效

20 世纪 90 年代，牛津大学开始推行朋辈支持，目前牛津大学的各个学院都有朋辈支持队伍，并且学生宿舍楼的每个单元都有一名朋辈支持者。如牛津大学圣安妮学院支持教师分为学习、生活、福利等方面，有一位学院领导（副院长）会专门负责学生的福利，有一位专门负责纪律的副院长，还有专门的护士负责学生的身体健康和心理健康。面对学生精神方面的问题，大学会组织有资质的心理咨询师为学生提供心理咨询。既有朋辈支持，也有专业心理咨询，所以牛津大学的学生们能得到很好的支持服务。雷丁大学于 2003 年开始有专门的朋辈支持的培训师，朋辈支持作为一个团体，现在共有 38 名朋辈支持者。这些志愿者主要是学会倾听周围同学的轻微心理问题，通过谈话帮助他们缓解心理问题，他们并不能提供心理问题的解决方案。遇到棘手的问题，支持者可以将学生转介到有关部门。朋辈支持者同样有严格的保密制度和管理规定，只有在判断咨询者存在严重的心理问题时，才能推荐给学校的咨询师。

朋辈支持可以认为是“学生对学生的支持”。朋辈支持是现有大学事务的补充而非竞争。朋辈支持的另一方面，是培训时特别强调了支持者并非咨询师，是站在学生立场考虑问题，要学会理解，并提供适当支持。任何时候，支持者认为问题过大，无法继续支持时，应知道如何通过其他渠道寻求支持。故朋辈支持与心理服务是互为补充的。朋辈支持的另外一个功能是预防性，使一些行为（即对学生的支持）“正常化”。朋辈支持者在这个过程中，也会把自身经历、经验传授给被支持者，如有人不想学习了、想退学等，通过现身说法，对被支持者的帮助是很大的，可以使后者认识到问题并不难解决和处理。朋辈支持是预防性的工作，也是处理危机的工作，是学生支持的第一站，以免问题发展到不可收拾。

3. 特殊学生心理服务较为健全

在英国，残疾学生辅导主要提供一般指导、身心和认知辅导。很多残疾学生因为身心障碍会有焦虑、阅读障碍和学习障碍。团队通过面对面交谈帮助他们克服障碍，和正常学生一样适应校园生活；帮助他们发掘自身优势，激发学习动力；帮助他们更好地利用学校资源；提供学业咨询，帮助他们找到合适的学习方法，做好学业规划；帮助他们克服身体障碍，适应校园物理环境；了解学校针对残疾人帮扶的各种资源；帮助他们克服社交障碍，和学生个人导师、学术导师沟通；帮助学生申请英国政府提供的残疾人帮扶基金、填写申请表、准备申请材料等服务。各学院都有残疾学生代表，职责主要是落实身心健康团队的计划。比如说考试，这些代表会关注残疾学生的随堂考试是否能顺利完成，是否能够在课堂上当众表达自己的观点，是否能够顺利使用各种实验设备。各学院都配有个人导师和一定数量的辅导人员。如雷丁大学的残疾学生服务团队有 2 名全职主管、5 名兼职辅导人员，服务对象包括存在肢体残疾、听力障碍、视力障碍、阅读障碍等学生，一年有 12% 的学生申请注册，约 2800 人。服务内容主要是提供心理辅导、学业咨询和规划、帮助残疾学生适应校园生活、克服社交障碍、提供适合残疾学生的考试等。同时，充分与学院、政府等沟通，为残疾学生提供各种帮扶。英国高校录取残疾人没有任何限制，只要学习成绩达标就录取，跟正常生一视同仁。在学业要求、毕业要求、所收的学费、住宿费等也与一般学生一视同仁。

三、相关借鉴与启示

（一）明确心理中心职责，尊重学生主体意愿

英国高校学生事务管理人员认为每个人都有心理健康问题，只是程度不同。心理健康并不是一个人每天都很开心，而是指能否有效应对生活中的各种挑战和困难，暂时的情绪低落也是正常的情绪反

应。保障这些心理有疾病的学生能够顺利完成学业，不造成这部分生源流失；保障这些学生不会伤害自己、伤害他人，对大学声誉造成影响；将来毕业后不会对社会造成影响，这是英国心理中心的职责所在。心理咨询中心和医院有每周定期例会，共同监督在医院就诊的学生情况。

雷丁大学心理咨询中心在迎新周也会开展一些宣传活动，同时也有一些心理健康方面的讲座，是自愿性的，不要求学生全部参加，更不会发动学院组织学生参加。通常情况下，心理咨询的工作就是接受学生的咨询，为学生做心理健康辅导。另外，大学心理咨询机构定期接受外部机构的评估。

目前在中国高校，心理健康日益受到学生和老师的重视，心理咨询中心的老师在新生入学后都会开展心理普测，筛查出心理方面存在问题的学生并给予全程关注。同时，很多高校都把心理健康教育纳入课程体系，作为学生必修的一门课程。但是在英国，如果学生不去找老师，是不会有老师来主动为他们提供一些服务或支持的。而国内高校，被动式服务是最基本的要求，而当学生来寻求帮助的时候，没有任何一个辅导员会拒绝，并且通常情况下往往是辅导员主动关注学生的学习、生活、思想，各种问题都要操心，有时甚至有一种“保姆”的感觉。学生工作职能部门提供的很多服务通常是主动开展的，会主动分析学生的需求，主动关注学生的思想动态，甚至有的时候带有一定非自愿性。

在英国，无论是学生自愿申请、诊断证明，还是导师发现，都会鼓励学生自愿到心理咨询中心接受一对一的风险评估和帮助。风险评估主要判断学生是否有自残或伤害他人的倾向，如果超过服务范围会建议学生到专业医疗机构接受服务。中国心理健康辅导老师具有牺牲精神，往往会不遗余力一次次给予学生心理辅导，但殊不知有些心理疾病是心理老师所不能解决的。英国高校规定每人最多可以接受6次心理课程服务，如果学生还是无法解决问题，会根据最终测评结果建议学生去相应的机构接受服务。

（二）构建特色教育模式，打造多层次的心理健康教育基地

我国高校可以实施心理健康教育互动体验式教学模式，建立从寝室心理信息员到附属医院临床心理科的五级心理防护体系，构建亮“点”—环“线”—全“面”的心理咨询机制，建立阶梯式朋辈辅导模式，加强对朋辈心理辅导员的培训以及不断促进朋辈心理辅导员的工作，切实增强朋辈心理辅导的工作实效。

例如通过举办辅导员谈心谈话艺术大赛、校园心理情景剧编排技术大赛、校园心理情景剧大赛、朋辈心理辅导大赛、辅导员“心理成长工作坊”、心理微课堂、心灵走廊体验区、心理影院等活动，打造多层次的心理健康教育基地。为学生提供全方位、多元化的咨询服务。如成立于2013年的湖南大学杨文蕴名师工作室，专攻心理健康教育和生涯指导，通过心灵鸡汤式的情绪疏导和共情共鸣进行心理健康教育，用实例的形式进行生涯规划与就业指导。随着工作经验的积累和对职业认识的不断加深，价值引领成为公众号更加核心的内容。上海交通大学的“辅导员娘亲”公众平台考虑到随着新时代的飞速发展，当代青年要面对的学习生活压力日渐增大，心理健康问题开始越来越受到大家的关注，但很多时候，学生群体没有很好的平台能得到专业的心理健康指导。因此为了解决大家的苦恼，公众平台携手精神卫生中心，推出了一系列心理专辑文章，邀请心理学界的专家学者为同学们分析各类心理问题，力图从专业角度分析大学生在生活、学习中的心理行为并给出专业的指导意见，其内容涵盖抑郁症、焦虑症、进食障碍、亲密关系等诸多领域。

第六章　中英高校德育与学业指导工作

第一节　中英高校德育工作比较

一、中国高校德育工作的开展

马克思、恩格斯提出的人的自由全面发展的理论是社会发展的最高目标。马克思强调："个人的全面性不是想象的或设想的全面性，而是他的实现关系和观念关系的全面性。"[23]

加强和改进大学生思想政治教育工作，是适应新形势发展的时代要求。当前，部分大学生思想政治教育工作的针对性和实效性有待进一步增强，思想政治教育工作队伍建设亟待加强，全员育人、全过程育人、全方位育人的格局尚未真正形成。这些问题都必须引起高度重视，进而采取措施，努力改进。必须全面贯彻"育人为本、德育为先、能力为重、全面发展"的育人方针，牢固树立"成才必先成人"的育人理念，扎实开展思想政治教育工作。以启发开放式、互动体验式学习方法，来丰富德育工作载体；以青年内心触动、言行改善来深化思政工作效果，形成一系列独具特色、针对性强且成效显著的工作模式，为新时代培育和践行社会主义核心价值观提供有效借鉴。

（一）融合时代发展，开展德育工作

目前中国部分高校以解决当前思政教育难题为切入点，推进大数

据在高校思想政治教育中的创新应用，促进数据红利挖掘和释放，提升思想政治教育工作实效，提升学生教育管理能力，开创用数据说话、用数据决策、用数据管理、用数据创新的思政教育工作新局面。

部分高校通过最大程度地挖掘大数据的潜力，提高大学生思想行为认识的全面性和准确性，提高大学生思想政治教育、大学生日常管理措施的针对性和有效性。最大地发挥大数据相关性思维的优势，改变当前大学生思想政治教育以灌输为主的“单回路学习”模式，建立“双回路学习”模式，以达到大学生思政教育过程中“教师—学生—数据平台”三者之间的相互学习、相互反馈、相互提高的良好效果，实现思想政治教育的个性化，思想政治教育效果的高效化和培养人才的个性化、多样化和全面化。

（二）在日常工作中开展德育工作

采用润物无声的滴灌教育方式扎实推进大学生思想政治教育工作，注重学生们的精神滋养，培养学生们良好的思想品质和积极向上的精神风貌，努力实现每一个学生都能成为社会主义合格建设者和可靠接班人的目标。例如部分艺术类高校，充分发挥学科特色和专业优势，依托学校美育研究中心和人文素质中心，积极开展课外实践活动、书画比赛、歌舞比赛、话剧演出等活动，充分与学生互动，达到润物细无声的效果。

【经典案例】

中国高校学生事务管理中的德育工作成绩斐然，广州工商学院“德学·五进”辅导员工作室就是其中一个典型案例。该工作室是广东省高校骨干辅导员工作室（大学生校园文化活动方向）的培育项目，“德学·五进”是广州工商学院独具特色的校园文化品牌，也是对外宣传的一张“名片”。工作室以习近平新时代中国特色社会主义思想为指导，树牢“四个意识”，坚定“四个自信”，引导大学生切实做到“两个维护”。

与此同时，辅导员工作室也成为展示辅导员风采的窗口、创新育人理念的平台和孵化辅导员名师的摇篮。该工作室经验总结如下：

（1）基于平台，构建辅导员与专业教师协同育人机制。无论专业教师还是辅导员，都承担“立德树人”的根本任务。“德学·五进”辅导员工作室为校内辅导员提供优越平台，既方便辅导员与专业教师交换育人意见，又利于辅导员对大学生进行指导。

（2）凝练特色，树立“德学·五进”校园文化活动品牌。工作室在学院一系列特色的大学生校园文化活动的基础上，打造一支得力的指导大学生校园文化活动的专业化辅导员团队，总结凝练立德树人背景下的校园文化活动的“德学·五进”模式，以期在其他院校推广应用。

（3）立足标准，系统提升辅导员专业化、职业化能力。以培养德、智、体、美、劳全面发展的社会主义合格建设者和接班人为目的，以精品的大学生校园文化活动为载体，探索“三全育人”理念下的校园文化活动“五育”机制，在协同育人体系中发挥辅导员的主体作用，展示辅导员风采，培育辅导员名师。

二、英国高校德育工作的开展

在英国的教育体系中，宗教教育、公民教育、政治制度教育等主要的思想政治教育内容，会以不同的形式贯穿于从小学到大学教育的全过程。

纵观英国高校学生事务工作的历史，不难发现，其第一阶段往往是扮演着父母的角色，当时更多的是教学人员在做此工作，他们既关注个人成长、道德等，又关注学生学业。学生宿舍配舍监，舍监也扮演着父母的角色。随后才进入第二阶段，即专业化服务领域。就业指导最早于 1892 年在牛津大学产生。20 世纪中叶，高校专业性服务增加，如 1948 年的咨询服务。20 世纪 70 年代，成人法定年龄从 21 岁下降到 18 岁，学校专业服务又增加了就业指导、残疾人服务、国际留学生服务、个人指导（实用性咨询建议）、精神病人的支持、学生宿舍服务、医疗中心、信仰指导、心理咨询部等，其中的个人指导和信仰指导等机构就是英国高校开展德育工作的主要机构。

英国高校的很多人文关怀和教育引导都隐含在以上的矩阵式服务支持模式中，正如剑桥大学丘吉尔学院袁博平院士所说，剑桥大学的学院都很富有，除了来自学院的经营投资，会有很多校友愿意提供社会捐助，他们感念学院的培养。虽然英国高校教师都认为英国的高等教育没有思想政治教育内容，其实与之相关的工作都隐含在了多元化的公民教育、道德教育和国民精神教育中。

（一）德育工作开展的模式

一是通过学生组织开展公民教育，引导学生正确认知个体与社会的关系。比如雷丁大学公民教育是以学生会为依托，鼓励学生参与学校事务管理。倡导学生参与关注贫困、种族歧视、环境资源保护等主题的志愿服务活动以及参加政府的政策咨询活动。在英国高校的治理结构中一般设定多个委员会，几乎每一个委员会都有学生代表参加，学校的治理工作中十分注重听取学生的意见。在处理学生违纪时，从学院的调查到学校层面的处理，以及学生的申述均需有学生会的官员或者学生代表参与其中。

二是通过学校制度规范道德行为，引导学生科学对待自我及他人的关系。著名思想家卡尔·波普曾说："人们需要的与其说是好的人，还不如说是好的制度。"[24] 在英国高校，学生缺勤必须提前向支持中心请假或者提交相关的证明。学校对于学生的学术品德也有严格的规定。比如雷丁大学对于学生的学术不端行为有明确的界定，对于处罚的流程和处分的方式以及听证和申述的形式均有明确的说明。而牛津大学更是对在校生的衣食住行作了明文规定，并规定学生在考试、庆典和学校正式晚宴中穿黑色学生服。这些严苛的规范不仅便于学校的管理，也让学生在严格的纪律规范下形成了遵守规矩的习惯，有利于学生道德品质的养成。

三是通过仪式教育加强国民精神，引导学生塑造与国家发展保持一致的国民精神。英国阵亡士兵纪念日即“国殇日”为每年的 11 月 11 日，英国国王乔治五世创立了该纪念日，用来纪念在 1918 年 11 月 11 日上午 11 时结束的第一次世界大战。在 11 月 11 日之前的半个月内，英国民众胸前佩戴各式各样的罂粟花已经成为一件约定俗成的事。纪念日当天有非常正式的纪念仪式，英国皇家和首相参加纪念仪式，并且在 11 时举行 2 分钟的默哀。高校也会在当天 11 时在空旷场所举行纪念仪式，全校默哀的活动被提前发布在通知公告中，虽然并没有强制约束，但在举国上下，全校氛围的带动下，全体师生确实经历了一场精神的洗礼。通过多年约定俗成的仪式，有代入感的故事背景，能激起广大人民的激烈认同情绪，让学生认识活动的意义，激发民族情绪。特别是在伦敦随处可见爱国雕塑，以及在特别纪念日时每个纪念雕塑前的花环或者花束。

（二）德育工作开展的特色

一是课外咨询中的精神关怀。咨询遵从的三个原则是：共情、对当事人无条件尊重、真实。要使当事人在咨询环境中舒服。首先向当事人解释咨询的背景，明确咨询目的，力争与当事人达成一种协议。采取以当事人为中心的方法，与当事人明确咨询时间，然后问当事人通过咨询希望有何收获。接下来，咨询者和当事人一起了解当事人的想法，同时给当事人提供一些新的想法和主意。最后，问当事人接下来你要做什么，就下一步当事人做什么达成协议，鼓励当事人为自己行动采取负责任的态度并提供一些相关信息，帮助当事人扩展自己的思想范围，同时也帮助当事人的思想成长。

二是专业的法律制约。在英国 2010 年提出的平等性法案中明确规定，孕妇、残疾人、变性人、不同种族、不同性取向、不同年龄和不同宗教信仰的人群受到法律保护，保护其于工作场所和其他领域不受到任何直接歧视、间接歧视、骚扰和侵害。此法案还提出了对公共事业领域机构的一些其他要求:(1)消除法案中涉及的任何违法行为;(2)提升受保护人群和非受保护人群的平等机会;(3)确保以平等尊重为首要原则促进受保护人群和非受保护人群良好关系的培养。法律约束有以下好处:(1)在一定程度上保证了公平公开。(2)推进政策有利于多领域共同受益。经验表明,在某项领域使固定人群受益的调整往往使与之相关的多数群体同时受益。例如高校推动多样性人员的职务提升途径,对所有学术人员都提供了同等机会。(3)最大化促进学生成就及吸引优秀人才。确保任何背景的学生都能最大化地取得成就,以提升其就业层次。同时由于多样性政策,将加大学校对于优秀员工及学生的吸引力。总的来说,无论是学校层面还是在世界范围内,法律约束落实在道德性、伦理性的层面都是公平性的体现。

三是各类团体中的隐形德育教育。作者通过对英国雷丁大学的访学了解到,学校内有基督教礼拜教堂,每周有一个固定时间提供例如英式汤之类的食物,而且还有讲解《圣经》的活动,不仅能够关心学生身心健康,也使得有基督教信仰的学生可以去教堂做礼拜。学校内还有一个穆斯林中心,穆斯林中心是私人财物,不过也可以去那里做礼拜。在重视世俗化道德教育的今天,宗教教育仍是学校教育的一门必修课程。但是,宗教教育的方式方法较之过去有了很大的改进,不再进行宗教教义的灌输,而是更加注重学生的主体性,让学生在教师的指导下进行反省,构建正确的道德观念。

英国雷丁大学校园里还有500多个社团。这些社团可以分为学术、职业、艺术与舞蹈、活动与事业、文化与信仰、爱好、兴趣、政治等。注重学生社团建设,充分发挥社团的德育功效,活跃校园生活,丰富校园文化。

英国从事学生事务服务工作的老师表示英国不存在“思想政治教育引导”的明确概念或课程教育,但学校、家庭特别是完善的社会教育体系对学生价值观的形成会产生的潜移默化的影响，这一点值得我们思考。从前面的介绍中不难看出，英国高校对学生的服务本身潜移默化地实现了对学生价值观的渗透。英国高校没有明确赋予进行思想政治教育的职能，但学校本身的制度安排、对学生的服务和支持、内容多样的各种学生社团活动，本身就在传播着西方主流价值观。同时对学生价值观的影响建立在成规的具体载体中，如英国很多高校有自己的教堂、牛津大学汤姆塔每晚9点5分熄灯时响起101下钟声、剑桥大学的三一学院一直保持着大钟报时和本科生围着庭院跑的传统，这些点滴细节都是对学生价值观影响的载体。英国还较为注重完善社会教育。英国的博物馆、图书馆、艺术馆、画廊等公共设施十分丰富，而且大多不收门票，服务也很周到，特别是这些场所都有对学生、儿童的科普互动及措施，雷丁大学的博物馆甚至有专门针对儿童的解说词。随处可见的纪念雕塑或者纪念品贯穿城市的主干线，既作为城市的布景，又无时无刻不在提醒着民众对国家过往成果的认同、对国家发展价值观的认同。

三、相关借鉴与启示

（一）构建全社会、全员育人思政大格局

英国的思想政治教育是一个开放的社会体系，是一个融合了各种力量的合力育人体系。在英国，家庭、学校、社区在思想政治教育过程中分工明确、目标一致。英国家庭很重视子女的教育，注意培养孩子自立的思想和能力，培养起居有序、对人有礼貌的文明习惯等。由于宗教传统，每个社区都有教堂，每到周六、周日，居民会带着孩子主动自发前往教堂参加宗教仪式。同时，社区是公民实现社会参与的重要平台，通过定期举办各种活动，如志愿服务、教堂服务、选举竞选等，培养社区公民的社会责任感。学校是思想政治教育的中心，学校课程中开设课程实习学分，鼓励学生参加课外实践活动，增加学生

的道德实践机会，拓展德育空间。

在现代化建设进程中，经济的快速及不平衡发展，人口的流动及社会相应配备治理措施的滞后等各种因素，导致我国的思想政治教育目前没有形成全社会合力育人的体系。学校依然是思想政治教育的主要阵地，家庭和社区在思想政治教育中的作用还没有得到充分发挥。思想政治教育的特殊性决定了其教育过程的复杂性，只有家庭、学校、社会有效互动、达成共识，努力构建全社会合力育人的思想政治教育体系，才会在全国、全社会形成统一的主流舆论环境，全面提高思想政治教育的有效性。

（二）发挥显性教育与隐性教育两种方法的优势

随着经济全球化、政治多极化、思想多元化和网络信息化迅猛发展，我国改革开放不断推向深入，人们的生活方式、价值观、道德观发生了变化。高校传统的显性思想政治教育在很多方面面临着严峻的考验，结合青年学生的特点，借鉴英国高校隐性思想政治教育的经验，可以拓宽思想政治教育的实践路径，提高思想政治教育的实效性，丰富和完善教育形式。如广泛利用各种纪念馆、纪念地、展览馆、博物馆、科技馆等场所，以生动的实物资料运用光、电、声、色等现代化的科学手段，进行爱国传统教育，将这些社会公共资源变成思想政治教育的基地。同时，隐性思想政治教育应充分尊重学生的主体地位。能否培养出合格的社会主义事业建设者和接班人是衡量一个高校教育教学效益的根本指标，这就要求高校除了要对学生进行专业知识的教育教学外,还必须加强对学生的信仰信念教育。学生是高校教育的接受主体，高校的一切思想政治工作必须围绕着学生培养这个核心点来开展。目前我国思想政治教育的主渠道是课堂，学生总是以一种被动应付的态度接受思想政治教育，难以将思想政治教育的内容内化为学生主动的内在需求。思想政治工作从根本上说是做人的工作，必须以围绕学生、关照学生和服务学生开展工作。

（三）重视在历史文化的传承与创新中充分发挥思想政治教育实效

英国思想政治教育区别于其他国家的重要特点是其思想政治教育采用了宗教这种独特的文化形式，且随着时代的发展，在传统中融入新的时代特色、新内容。目前我国各项改革不断深化，随着经济体制改革的不断深入，社会结构深刻变动、人们的思想观念深刻变化。如何使思想政治教育既植根于历史悠久的民族文化，又将变革与传统有机地结合起来，这就要求我们注重以文化人、以文育人。广泛开展文明校园创建活动，开展形式多样、健康向上、格调高雅的校园文化活动，广泛开展各类社会实践，培养富有民族精神的时代青年，这样，思想政治教育才能更具有生命力。同时，学生事务管理者应该在工作中怀有高度的责任感、自律性、非营利性的服务动机、奉献精神、善于合作的品行和对学生大公无私的关爱。学生事务管理者的专业道德情操和践行过程，可以为学生作出表率，这是道德教育从理论向实践转化的催化剂[25]。

（四）加强思政队伍建设

各高校可采取“专职辅导员＋学生骨干”的方式加强团队建设，打造一支德才兼备、结构合理的高素质复合型队伍，加强团队成员的理论学习和经验积累。实现成员在知识结构、时间精力和技术技巧等方面的优势互补，主要途径有：一是请进来。加强与校外名师的联系，面向校内的学生事务管理工作者开展培训和辅导，形成校外名师与成员间的联动机制；加强与思想政治教育专业教师的联系互动，形成思想政治教育专业教师与工作室成员优势互补，将思想政治教育专业课的相关资源嵌入辅导员工作室思政项目建设中。二是走出去。积极组织学生事务管理工作者参加各级思想政治教育工作会议，参与各类高校骨干辅导员研修活动，多开展专项工作研究、专家讲座、工作论坛、经验交流和学术研讨会等，不定期到外校学习交流。

同时，带动一批学生事务管理者、思政课教师加入“实践育人”教育研究实践队伍，使工作室成为学生事务管理工作者队伍建设的“牵引器”、辅导员职业能力发展的“加速器”、造就辅导员名师的“孵化器”。充分发挥名师工作室的带动功能、成果辐射功能和品牌服务功能，推动辅导员队伍专业化和职业化发展。以“攻一个方向、出一批成果”为导向，鼓励学生事务管理工作者形成理论成果。主要途径为：一是鼓励成员组团申报、承担科研课题，公开发表大学生思想政治教育相关学术论文。二是围绕大学生思想政治教育开展系列特色活动和精品项目，共同研究大学生思想政治教育共性问题。最终，提高工作室成员的专业能力，让每个成员在专业化、职业化道路上得到发展和提高。

（五）构建全过程全方位德育体系

利用网络平台拉近与学生的距离，开辟网络教育新阵地，拓展网络教育平台，制作网络慕课，基于项目需求开发网络教育手机应用程序，使思政教育“寓教于乐”，创新教学模式，推广学院微信公众号、微博等，关注学生需求，依托互联网使师生对话更加便捷高效。在大学生的学习生活点滴之中开展微思政教育，立足学生常见的案例，贴近学生的生活，运用学生的表达方式，播撒爱的种子、德的理念，传承和发扬中华优秀传统文化精髓，弘扬社会主义核心价值观，在碎片化的微思政中潜移默化地影响学生，深入浅出地教育学生，让学生在喜欢读和愿意读中，做好价值引领。对大学生感兴趣的热点、焦点问题进行精神引领，根据大学生的实际困惑和需求进行答疑解惑，针对大学生的各类心理问题进行深入浅出的疏导，对大学生的职业生涯进行贴心指导。线下创造性开展系列品牌活动。在意识形态层面引导学生做笃志、守德、励能的时代新人；围绕立德树人主线，积极构建协同联动、多方参与的育人机制，推动思政工作融入人才培养各环节、贯穿全过程。

第二节　中英高校学业指导工作比较

一、中国高校学业指导的目标、内容及方法

（一）学业指导目标

学业指导是大学教育过程中的一项重要活动，旨在帮助学生选择合适的学习计划,并激发他们的学习潜能。教育部思想政治工作司指出，学业指导是高等学校对学生在学习方面提供的指导和帮助，服务范围涉及与学生学习相关的所有方面，旨在充分利用高校资源，设计反映学生能力和兴趣的计划，确立符合学生个性化发展的价值和目标。

与国外高校相比，我国高校学业指导工作起步较晚，学业指导的专业化程度还存在不足。因此需要结合我国高校的实际情况，建立一个适合我国高校发展，尤其是适合地方高校发展的学业指导模式，实施多种指导方案或路径，帮助学生实现成长成才。

（二）学业指导内容

新形势下，高校在人才培养的过程中，必须要全面落实素质教育，加强高校大学生的学业指导工作，进而全面提升高校人才培养质量。具体来说，大学生学业指导工作的内容主要包括以下两个方面：

一是学习方法指导。在高校人才培养过程中，学习方法指导尤为重要。因为高效的学习方法，是学生接受新知识的基础。大学生在学习过程中，不仅要掌握大量的、有效的学习方法，还必须对诸多学习方法进行综合和灵活运用，进而不断提高学习能力。基于这一点，高校必须要不断丰富学习方法指导形式，不断提高教师队伍的综合素质，努力创造一个良好的、和谐的师生关系，采用有效的学业指导模式，如双轨型、补充型等，激发学生的学习欲望，不断优化学生的学习方法。

二是专业思想升华。高素质的人才不仅要具备较强的专业知识，还必须树立正确的思想观念。这就要求高校在进行人才培养过程中，要对大学生的思想进行引导，最大限度减少其片面思想、错误思想等造成的消极心理。因此，高校在对大学生进行学业指导的过程中，必须要充分结合大学生的特点和心理状态，坚持循序渐进的原则，对大学生进行思想培养。

（三）学业指导方法

提高教师、辅导员等团队的专业素养。大学阶段的学习与教师教学联系的紧密程度虽然远不如高中阶段那么紧密，但不可否认的是，教师是学生和知识最为重要的一个媒介。而且，教师教授水平的高低能够直接影响学生对于知识的吸收程度，甚至还能反映出该高校教学水平的高低。因此，提高教师、辅导员们的专业素养成为学业指导方面举足轻重的问题。首先，提高辅导员准入难度，增加多元化、立体化的考核任务，综合考核教师们各方面的素养，从源头把关。其次，高校可以为年轻教师提供学习机会，与各个高校合作，取他人之所长，补自己之所短，进而培养出大量优异且综合素质出众的人才。让年轻教师在日常为学生服务的工作当中，以高要求、低姿态的作风习惯去要求自己，做到在课堂上是严师，在生活上是密友。

做好前期的宣传、引导工作。不定期举办学业指导讲座，让学生了解到在校阶段的主要课程，人才的培养内容、意义，以及如何充分有效利用学校资源等。邀请各领域专家做报告，营造出浓厚的学习和学术氛围，以便加深学生对各自领域的理解以及学术方向的考虑。

帮助学生养成良好的学习方法和生活习惯。良好的学习习惯和方法都是一种能力[26]。大学中有很大一部分学生是从未离开家庭独立生活的学生，因此养成良好的生活习惯可以使得学生们大学四年乃至在以后的生活中收获诸多益处。

（四）学业指导的主要特色

1. 学业支持和思想引领相结合

国内高校开展学业辅导工作的指导思想是坚持立德树人，坚持以学生为中心，把指导学生学业发展与引领学生思想成长结合起来。以学生对学业提升的需求为抓手，以促进学生全面发展为目标，把解决思想问题同解决实际问题结合起来，在服务引导中加强思想教育，在关心人、帮助人中教育人、引导人，这是中国高校做好学业辅导工作的基本遵循。

2. 学校统筹和学院建设相结合

中国高校学业指导中心的建设思路是学校统筹、学院建设，以院系为重点、以班级为基础，校院两级协同推进。学校层面由主管学生、教学工作校领导牵头，教学、学生、人事等部门参与，负责学业支持工作的总体设计、统筹协调、条件保障、考核评估等日常工作，中心一般挂靠学生工作部门。学院的学业支持工作主要包括建立学院内部的学业预警机制，指导班级内部的学习与发展系列活动，开展贴近学生需求的学风建设项目，建设以学习委员为中心的朋辈辅导的工作机制。

3. 分层指导和分类指导相结合

根据不同层次学生的需要，中国高校明确五类主要辅导内容：一是发展辅导，主要是帮助学生明确发展目标，增强专业认知认同，提升学业兴趣和动力。二是生涯指导，主要是帮助学生制定学业发展规划，全面提高综合素质，着力培养学生的创新精神、实践能力和社会责任感。三是方法辅导，主要帮助学生适应自主学习方式，克服学习障碍，改进学习方法，养成良好学习习惯，增强学习能力，切实提高学习效果。四是课程辅导，主要是针对课程学习中的具体困难和问题，开展有针对性的辅导，帮助学生顺利完成课业。根据不同类型的辅导内容，中国高校探索出了一整套与之相对应的工作模式，即个体辅导与团体辅导相结合，导师指导与朋辈帮扶相结合，课程辅导与发展指导相结合。这种工作模式，既可以针对学生个体差异，满足个性化需求；也可以针对共性化问题开展集中辅导，降低支持成本，提高辅导效力。

【经典案例】

西京学院“卓越计划”工作室全体成员,致力于把工作室建设成“思想引领、学业指导、名师培育、示范带头、成效显著”的立体化平台，使工作室成为设计有高度、目标能落实、成果有实效、经验能推广的一流辅导员名师工作室。

（1）培育“卓越学生”，实施因材施教的个性化学业指导工程。结合生源基础、学生个人的职业理想，工作室制定卓越学生一对一培养标准，通过指导学生制定个性化学业规划，定期评价、及时调整，顺利实现预期目标。

（2）培养“卓越导师”，建设一支优秀的辅导员队伍。完善工作室成员学习、培训、成长机制，提高团队成员专业素质，丰富实践经验，提升团队专业化水平。实行“全过程＋多维度”导师团队跟踪培养，精准指导，制定“突出优势、激发潜能”的个性化培养方案，实现卓越学生培养目标。

（3）凝练可推广实践成果，建设一流高校辅导员工作室。发挥工作室示范引领作用，通过实施“卓越计划”，实现全人格育人目标，构建文化融合、优势互补的德育环境，打造精品化辅导员工作室、构建师生共同体。把西京学院“卓越计划”辅导员工作室建成陕西省知名，领航西京学院书院制育人建设与发展的一流辅导员工作室。

（4）培育辅导员工作精品项目，开展思政教育理论研究。在工作室建设期间，工作室负责人及其主要成员分别至少主持或参与1项省部级以上相关课题、精品项目、教改项目或教学成果奖。每人每年发表一篇相关论文，参与学业指导和“卓越计划”相应的课程教学活动。

新形势下，高校在人才培养的过程中，必须要全面落实素质教育，加强高校大学生的学业指导工作，进而全面提升高校人才培养质量。工作室在开展学业指导工作过程中坚持“因材施教”的基本教育原则，关注不同类型学生的特点和个性差异，激发每一个学生的优势潜能。推进分层教学、走班制、学分制、导师制等教学管理制度改革。主要通过以下途径开展德育工作：一是坚守立德树人的思想政治教育主阵地；二是创建“多维导师”平台，夯实导师队伍建设；三是学业指导项目化管理，提升工作室品牌；四是师生共同建设，形成师生成长共同体。

二、英国高校学业指导的目标、内容及方法

（一）学业指导目标

从国家层面来讲，英国高等教育机构通过数据分析，更为关注学生在学业、学术上的成果，并不过多关注学生的学习过程。与国内大学不同的是，英国大部分高校的目标是培养学生成为学业好的学生，而不是全面发展的人，因而学生事务最终也主要侧重于学业的帮助。学业指导提供的工作类型包括如何分配时间、学业阅读、有效做笔记、如何写论文、参考和注释过程中避免抄袭、口头陈述（表达）、考试准备、毕业论文、博士帮助。而国内学生工作有一大部分是如何促进学生综合素质的全面发展，学业指导也做，但学业更多依托教务，依托老师，这是目标定位的很大差异。

（二）学业指导内容

1. 特殊学生的学业帮扶

针对特殊学生，学生事务管理人员将通过面对面交谈帮助他们克服障碍，和正常学生一样适应校园生活，帮助他们发掘自身优势，激发学习动力；帮助他们更好地利用学校资源；提供学业咨询，帮助他们找到合适的学习方法，做好学业规划。学生事务管理人员认为应当

把学生作为合作伙伴，要让学生参与到体系中，要让学生增强体验，要全方位满足学生的需求。

学生在就读期间，可能会遇到意外变故：生病、父母失业等。为应对意外状况，大学还成立了“维持学习基金”，以支持学生完成学业。英国所有大学都有类似的基金。这些基金所发放的钱是不需要偿还的，学生每年最多可获得3500英镑。“关怀责任机构”从学生注册直到毕业，都有关怀责任。咨询师可以向学校为这些学生申请特殊费用，以帮助这些学生完成学业。

学习指导办公室人员在帮助学生辨别是否有学习障碍方面，都很有经验。他们发现，很多时候，学生学习不好，并不是他们不用功、不努力，而是因为他们存在着学习困难障碍。针对不同的群体，应给予不同的帮助。现在校园的多元化（来自不同文化背景、不同国家的学生越来越多），也需要帮助学生适应新环境，帮助学生提升学习动机，包括那些学习波动者、彻底放弃自己者（特别是已经长期学习者、已经学习了3年或4年的毕业班学生）。由于导师平时事务繁忙，这就需要学业指导者下更大的功夫。需要特别指出的是，除了教学外，所有的学业帮助，都是由学业指导中心的指导者来提供帮助的。

从以下案例可以看到英国高校学生事务管理工作者在针对学生学业辅导时实施的相关措施。

（1）以“工作狂”为例。部分留学生对自己要求非常高，近乎苛刻。主要原因是家庭投入大，期望值高。他们远离家庭，当其不学习、不工作时，有很深的自责感和内疚感。即使没有任何事情，也不会去附近旅游，而是把自己关在房子里。这类学生通常睡眠或饮食方面存在问题，睡眠不足，没有胃口等，有时候酗酒、吃药等。学生事务管理工作者在针对此类辅导时实施了相关措施：

1）时间规划。这类学生没有什么周末概念，对他们来说，每天都是工作日。工作人员一般会建议该类学生除上课时间外，将学习效果不好的时段分配给放松休息、娱乐、运动等，适当放松可提升学习和工作效率。

2）情感支持。学生一般怕失败，做得不够好。这些感受可能会使学生终止学业。有时候要告诉学生，学业成绩与时间的投入也是有关系的，如果时间投入不够，就不要对自己期望值过高。

3）分期进行。做完每一项任务、每一点进步，工作人员都要给予鼓励和表扬。然后，从每月、每周多次指导，到每月、每周逐渐减少指导，逐步减少其对学业指导人员的依赖度。

（2）沉湎于电脑游戏者。沉湎于电脑游戏，是全世界共同面临的问题，且严重度在不断上升。这些学生的特点：学习成绩平平；作业基本上只能完成一半；不去上课也不去听讲座；常常玩到凌晨三点多，无精打采；睡懒觉；不关心任何事情，包括学业。

解决方法是设立专门的工作室，让学生一起讨论吸掉自己时间最多的是哪一块“海绵”。结论一般是：社交、网上交友（网络聊天）和游戏；一些女生选择的是因为学业太困难，干脆去打扫厨房的地板。找到“海绵”，就引导学生把这“海绵”作为对自己的奖励品。首先制定游戏规则，如学习满2小时，奖励自己一点“海绵”；同时，学生要学会选择学习的地方，如在图书馆就不太可能玩游戏，因为周围和路过的人会用异样的眼光看你，而宿舍学习氛围肯定不如在图书馆好。短期目标和长期目标结合，过段时间回顾效果，比较一下会发现变化越来越多。

2. 多渠道学业支持并行

一是集体帮助或个人支持。集体帮助的主要内容有如何准备考试、如何写论文、如何做口头陈述。不同专业的学生可以参加同一个工作坊，系部也会提出要求为学生提供专门讲座。一对一辅导可以为考试结果不好的、玩电脑太长时间影响学习的、尽管努力学习但效果不好的、失去自信心等类型的学生专门提供。

二是工作坊。工作坊的主要内容有时间管理、学术阅读、如何做笔记、如何写小论文、如何做参考注释、避免剽窃、口头表达、准备考试、如何写毕业论文等，其中最受学生欢迎的是如何写小论文和毕业论文。其优势在于节省时间，介绍有效的学习方式；帮助学生正确运用学习技能技巧；集体之间相互学习，如学习小贴士、小窍门等。劣势在于集体场合有时学生不好意思说出自己的困难。

三是宣传册子。涉及如何组织生活，提高效率、做参考注释等。

四是网站。英国教育界开设了一个帮助学生学习的网站“学得更好”，供学生自主查阅。

五是一对一咨询服务。本科生一般为半小时，硕博生为一小时，后期逐渐减少。老师经验丰富，能够有效评估学生的学习障碍等并给予帮助，如数字和阅读障碍等。老师都拥有博士学位，在研究方面有所造诣，可以帮助学生找到最佳途径；通过交流建议学生选择新的学习方向、研究方法等。对专业是否精通不重要，重要的是交流的过程。

六是学业申诉制度。涉及考试作弊的种类、监测、处理程序、处分等，如果学生感到不公平，无论是哪一级做出的相关决定，学生不满意都可以申诉。首先在大学内申诉，如对大学的决定仍然不满意，则可到校外申诉，提交给独立仲裁处解决。学生上诉程序：（1）学生书面申请。学生上交的书面申请是否证据充分很关键。如证据充分，学校会要求学院院长提交书面答复，这份书面答复会复印给学生。（2）上会评审。学生本人、学院院长发言后，评审团提问。（3）评审团内部讨论，找出听证中发现的关键问题。（4）把问题反馈给学生和所在学院院长，学生和院长继续补充证据。（5）评审团内部就反馈回来的问题继续讨论，最后把结果反馈给学生和院长。

评审团的决定一般包括维持原判和新的判决。如果修正了原判决结果，必须要得到大学常设的外部考试官的同意才可以（所谓外部考试官，是由大学任命的校外人员担任，对大学所有考试结果进行抽查，看评分是否合适。为确保大学对学生发放的证书的公平、合理，也应该参考校外考官的意见）。

如校外考官同意学校判决意见，则判决立即生效；如校外考官不同意，则结果会被上诉到学校教务委员会。一旦学校教务委员会做出决定，那么大学内部所有程序即结束。如学生还是不满意，则可以去申请校外独立仲裁机构仲裁。这个过程有三点是关键的：一是要确保申诉过程无利益冲突存在；二是所有程序和做法必须透明；三是所做出的任何决定，都要接受外部考官的复核。这里有两个学生抄袭行为处理的案例。

案例 1　一位硕士研究生在写硕士论文时，基本上是通篇抄袭外校学生的毕业论文。该生存在三种情况：一是在读期间，系部给他发过专业学习手册；二是上课出勤率很差；三是祖母一年前去世。这个学生的作弊行为，校方判决从重处理。因为作为硕士研究生，对学校的通常做法、期望和要求应非常了解，通篇抄袭论文其本身就非常愚蠢，同时学院已经为其提供了丰富的信息。虽然该生说祖母去世，但学校认为事情已经发生了一年，这不足以解释犯错的理由。结果是开除学籍。

案例 2　一位国际生在个人的一篇学期论文中，有几次简短地使用网上信息，但未做注明。这位学生因为签证问题，入学比别人晚，在入学时未拿到学生手册，学生自己并不清楚使用网上信息也要注明出处。学校的处理是从轻的，因为从这些事实上看，学生并不清楚学校对自己的期望和要求，因此，学校认为，并没有足够的证据证明学生有抄袭的初衷。结果是将该论文驳回评阅教师处。评阅教师在评阅时，自然是要写明学生论文在引用网络资料时候不注明出处等。这个处理显然很轻。

3. 学生事务管理中心配备支持协调员

学生有问题，首先会想到找支持协调员。支持协调员和支持中心主任提供与学习有关的所有建议，同时也可以帮学生转介到其他相关的专门服务。

如果学生有缓考、补考等，学生支持协调员会提供建议。若学生因身体原因需要延期交作业；因各种原因不能来上课，延期交作业；学生希望在一个不同的时间考试；还有些学生因为残疾的关系，需要安排其他考试形式，都要与支持协调员联系。如果一个学生因各种原因有很长一段时间不来上课，会建议其休学一年，至于其何时复学，由协调员与学生进行沟通。

协调员要记录出勤。如果学生出勤率较低，要直接与学生联系。如果学生持续旷课，最终有可能被开除。开除程序是大学中最严格的管理制度。

关于休学后的复学。学生首先要去报到，协调员帮助学生选课，学术导师可能会向学生推荐适合学生的具体模块，但是由协调员来安排。学术协调员提供相关的证据，不过最后决定权归属导师。协调员要处理很多咨询，同时要与学术导师进行联系，要处理每一桩遇到的学生问题。

4. 导师及学生事务管理者指导学习，专业人员监督学习

学生的学习体验，是英国高校教学战略中优先考虑的因素，因此各高校通过设立本科、研究生个人导师制，为学生进行学业指导。英国高校认为个人导师是学习体验的关键，导师能够培养学科领域的学术行为、提升学生成就感，而不是生活上的面面俱到。因此在大学里希望将学习上的和生活上的指导分开，通过学生与专门的学术人员的一对一的辅导来提升学生的学习体验。

学术导师制的核心观点是发展学生和学术导师间的关系，不仅是学术导师提供服务，而是要在导师的帮助下，明确学生需要发展的技能。导师能够帮助和指导学生，学生在导师的指导下反思自己所学知识和掌握的技能，同时与导师制定未来的学习计划。

学督（director of students）有很大的权利，主要侧重学生的学习方面，从招生的决定权，到学生入学后的全程学习跟踪、学业情况等都由学督负责，相当于是学业导师的角色。督导（tutor）主要侧重学生的生活等方面，例如学生的身心健康、经济等问题的处理，相当于辅导员的角色。个人导师则主要支持学生在校的学业，兼顾关心学生，照顾学生的生活与福利。

英国在20世纪90年代开始，大学就开始设立学习顾问，首要任务是举办学习讲座。工作主题是：如何写论文、如何写研究报告。除了举办学习技能的工作方法培训外，还对有特殊需求的学生进行帮助，如阅读理解困难者、计算水平困难者等。这些人的智力是没有问题的，但在某些方面有困难，这在后面将有残疾人服务专题讲座、学习辅导专题讲座等。另外有导师认为自己的学生有“顽症”，长期存在会影响学业，如所谓的“焦虑症”等，这些都要进行“一对一”的咨询。学生在某些方面的学习困难是通过免费测量表发现的。这种测量并非面向全体学生，仅仅是面向某个人进行测试，社会上这个测量是收费的，学校是免费的。

（三）学业指导的主要特色

1. 职责中心化

英国高校学生支持中心的职责就是以学生为中心，以教学为中心，围绕学生提供支持，围绕教学提供支持。而且这种支持不是强制要求学生必须做什么，应该做什么，而是给学生提供帮助和建议，由学生来决定哪种方式更适合自己，更确切地来说，这种支持是学生解决学习困难的助手和帮手。具体来说包括以下四个方面：一是帮助学生掌握更有效的学习方法，以适应大学的学习环境；二是帮助学生更好地理解学校和导师的培养目标；三是帮助学生减轻学习压力；四是帮助学生取得更好的学习成绩。

2. 目标聚焦化

英国高校学生支持中心的目标非常聚焦，就是服务学生学业，帮助学生掌握学业成功的各种技巧和方法。主要有四个方面的目标：一是帮助学生更成功地学习；二是帮助学生掌握更多学术技能；三是帮助学生更好地理解高等教育的原则和要求；四是使学生能够独立学习。

3. 内容专业化

英国高校学业支持中心提供帮助的内容非常专业，涉及学生在校学习的各阶段、各层级、各方面。主要包括以下四个方面：一是帮助学生掌握大学学习所需的所有学术技能，包括论文写作、报告写作、时间管理、团队合作、演讲技巧等。二是为学生提供数学支持。这是英国大学学业支持中心非常特殊的一个部分，因为英国学生分流较早，很多学生在中学阶段就没有数学课程的学习，大学需要帮助学生补上这些课程。学校会有专门的团队来负责数学课程辅导，如果学生在学习数学过程中遇到困难，可以随时寻求帮助。例如基本算术、百分比、公式、对数、微分、积分等。三是语言支持中心，主要是为来英学习的国际学生提供英语学习方面的帮助和支持，同时也为英语学生提供学习其他外语方面的支持和帮助。四是为学生提供学习建议。如果学生在学习某个具体课程中遇到问题，或者在学习动力、学习方法等方面遇到问题，都可以得到专业的支持和帮助。

4. 对象多元化

英国高校学业支持中心的服务对象非常多元，并不只是通常意义的学习困难学生，凡是在学习经验、学习能力和学习上存在障碍和困难的学生都可以到学习支持中心咨询和辅导。一是本科新生。主要是帮助他们掌握大学学习的基本学术技能，为大学学习做好准备。比如新生将被邀请加入在线课程"Study Smart"。侧重于大学水平研究的三个关键领域：学术诚信（包括阅读、研究和参考）、在大学进行交流（包括向导师发送电子邮件，参加讲座和研讨会，以及针对不同学科的学术写作，包括数学和科学）、独立学习（包括成功管理自己的时间和工作量，成为独立和批判性思考者）。二是高年级学生和研究生。他们的需求更加多样化，比如已经获得了好成绩，如何能提升到更高的水平、如何使学习或时间管理更有效。三是特殊群体的学生。比如患有阅读障碍和其他特定学习困难的学生。四是国际学生。主要是语言学习支持。

5. 方式多样化

为了更好地服务学生，英国高校的学业支持中心一般均提供多样化的服务，更好地满足不同群体、不同对象的需求，更好地给予学生帮助和服务。一是学习指南和视频。指南提供PDF文件下载，视频教程是简短的教学视频。二是一对一辅导。根据学生的个人需求“量身定制”并完全保密的个性化辅导。需要提前预约，每次辅导时间30分钟。目标是帮助学生培养自己的学习技能，以便更有效地学习并取得学业成功。工作人员只是为学生提供可供选择的建议，不会代替学生做决定。由学生根据老师的建议，来决定哪种方法更适合自己。学生一对一辅导的信息是完全保密的，除非学生同意，不会和任何部门和个人分享，包括学生的导师。三是随时访问和快速查询。学生无需预约，可以随时访问数学支持中心寻求帮助。学习中心每周工作日还提供快速查询服务，包括如何引用特定类型的文本；询问格式或布局；帮助学生理解作业简报或问题；获得一些关于学习方面的快速提示；或任何其他与研究相关的查询，都可以得到快速回答；学生也可以通过电子邮件发送查询请求。四是活动和研讨会。学习咨询团队在学期内为各种学习实践提供定期的小组教学活动。会议是免费的，并向所有的学生开放，许多课程对本科生和研究生都适用。学生参加活动的数量不限。学生可以在活动上询问任何有关学习的问题。参加研讨会可以计入红色奖励计划（专门针对新生的养成培训计划）的培训部分。学生可以通过关注推特，随时了解活动最新信息。五是学习顾问。学习顾问是由学生所在学院的研究生组成，他们经过培训后上岗，受学业支持中心领导。这种学习顾问类似于国内的朋辈辅导，由于他们和学生属于同一学院，有着相同的学习经历和专业背景，可以为学生提供更精准有效的帮助。

6. 队伍专家化

英国大学学业支持与服务体系的工作人员除管理人员外，大部分都是专业教师，且普遍具有博士学位。他们普遍接受过严格的专业培训，而且长期从事学业支持工作，具有非常强的专业性。学业支持体系的教师队伍的高度专业化，保证了工作的专业化和科学化，为学业辅导与支持的有效性提供了可靠保障。

三、相关借鉴与启示

英国高校对于学生学业的帮扶指导层次非常多样，既有注重个体培养，因材施教的导师制，又有针对普遍问题的学习建议中心，还有解决教务等日常管理问题的教务支持中心，形成了一个全方位互补的服务体系。其中导师制是核心，学习建议中心是必要且有益的补充，教务支持中心是教学正常运转的机制保障。这套支持系统始终贯穿着以学生为本，注重学生学习体验，鼓励学生主动探求未知的领域，对学生关怀备至，给予学生足够的学习自由和学习空间，培养学生自主学习理念和质疑探究精神的教育理念。这一点值得我们国内的高校学习。

（一）搭建自主成长培养队伍

大学教师以及思想政治教育工作者的职责是为大学生的自我认知提供帮助，在精神层面引导大学生正确定位自我，完成自我认知。使大学生在教师引导下，生活上实现由单纯依靠父母到独立生活的转变；学习上实现由单纯依靠老师到自主学习、独立思考的转变；社会交往上实现由单纯的校园交往向社会扩展的转变；素质培养上实现由单一的专业学习向综合素质拓展的转变。要由传统的知识传递者角色转变成为学生自主学习中的指导者、情感支持者等角色，同时发挥好大学生之间朋辈互助的作用。

（二）完善学生学业申诉制度

雷丁大学学生可对模块课程和专业课程提出申诉，但无论哪种申诉，该校不允许学生对教师的学术评判结果提出质疑，对该类申诉，学校会立即驳回。学生可就程序方面提出申诉，如学生认为模块课程分数不够高，学校首先建议学生找评阅教师或模块教师进行交流，谈自己的想法，如果学生与老师未达成一致，可以一步步上诉，从系部到学校层面。个别时候，学生可能会上诉到副校长处。如学生对整个专业课程结果不满意，学校有专门的机构负责处理这些事情。该机构也是设在大学教务委员会下，叫考试结果申诉委员会。该委员会由主管教务的副校长负责，由一些教授组成，学生所在的系部要回避，最初出结果者不能参与最终决定。学生是独立个体，有权做出申诉，这是值得我国学习的地方，申诉时做出新判断要听取校外考官意见，以便证明本校做法的合理性。

（三）队伍建设专业化

英国高校以学生的发展为出发点，一切工作都着眼于服务学生的需要，着眼于提高学生培养质量，为学生的学习、生活和就业提供全面服务。英国高校的行政管理部门因学生需求而设，因学生需求变化而改革。涉及学生事务管理的校级行政部门直接面向学生提供个性化一对一的服务，不在院系层面设相关的行政管理岗位，院系主要负责学术、课程与科研。

我国高校的行政管理是从上而下的架构，纷纷对应上级的行政机构，行政化色彩比较浓。多数是上级—学校机关—院系—学生的垂直体系。机关不直接面向具体的学生服务，一般是发布指令和任务，通过院系来和学生沟通，提供服务。从管理上来说，这种垂直体系一直是中国的传统，执行力强，但是也存在重管理轻服务、缺乏个性化的指导等问题。从机关来说，虽然掌握着人、财、物等资源，但因为不直接和学生沟通，不了解学生，出台的政策可能就不完全切合学生需求；从院系来说，虽然直接面对学生，了解学生需求，但是由于人、财、物的权限很小，基本只能完成学校既定的任务，没有多余的精力和能力来更精细化地服务学生。

第七章　中英高校校园文化建设与校园生活保障

第一节　中英高校校园文化建设比较

高等院校校园文化不仅是一种精神文化，还是一种视角培养，它决定了学校广大师生的集体意识。这种统一的集体意识会给学校师生归属感，进一步增强团队凝聚力。中英高校在建设校园文化方面体现出各自不同的特点。为传承中国精细、严谨的优秀传统文化，学习英国民主、宽容的高质量教育理念，本节从各个不同角度对中英高等院校的校园文化建设进行比较。

一、中国高校校园文化建设现状及特点

（一）中国高校校园文化的特征

校园文化建设是人类文明发展史中重要的一环，它具有文化内涵的内在规定性、传播性和继承性。高等院校校园文化是高校学生与高校教师一起创造的集体文化。高等院校校园文化建设具有学术性特点。高等院校的主要精神是崇尚学术，现在的高等院校经历了不断的变革与发展，但唯一不曾改变的是崇尚学术这一文化特征。

高等院校的校园文化建设具有时代性特点。高等院校承担着为国家与社会培养高素质人才的重任，这种责任直接决定了高校在建设校园文化的过程中，要时刻紧密向党中央靠拢，引领时代风范，把握时

代脉搏，领悟时代精神，从思想意识上教导学生紧跟时代的节奏。当今时代，高校要进一步学习好、研究好、宣传好、落实好习近平总书记的重要讲话精神，努力办好思想政治教育理论课，自觉以习近平新时代中国特色社会主义思想指导实践、推动工作，不辱使命，不负重托，全面落实立德树人的根本任务，为培养中国特色社会主义合格建设者和可靠接班人作出不懈的努力。

高等院校的校园文化建设具有包容开放的特点。大学的出现至今已有千年历史，校园文化的建设一直保持着开放性的特点。高等院校校园文化在与其他文化交流碰撞的过程中，实现与其他文化的取优互换，在相互学习中取其精华，吸收先进的思想。随着网络化、智能化、数字化时代的到来，人们与外界社会和网络世界的交流更加便捷和频繁，在这种情况下，“教育面向世界”就显得尤为重要。只有在基于自身文化的基础上，学习和吸收世界其他文化的优秀成果，实现自身文化与其他优秀文化的相融合，才能扬长避短，走向世界高等院校的队伍前沿。

高等院校的校园文化建设具有创新性特点。创新是当代社会的重中之重。一所大学倘若只沿袭传统理念而不加以创新，就失去了一所大学的探索和研究精神，它将缺失时代的精神和动力。现代高等院校能够推进社会不断向前发展的动力就是在学术研究的基础上，在不断吸取新理论和新思想的前提下，不断实现创新，努力实现引领各领域的发展。因此，大学文化必须建设成一种“创新性”的文化。但是，“创新文化”并不是我们表面上理解的完全隔断历史印记，完全毫无根据的凭空想象，而是要在历史文化和传统理念的前提下，对已知的和现有的世界重新进行架构，在拆分和重新拼凑的过程中，使已知的和现有的世界在状态、功能、性质及特点上都发生本质性和根本性的积极改变。

近些年来，受世界多极化、全球经济一体化的影响以及我国经济、政治、文化体制改革的不断深入，校园文化建设朝着多元化的方向发展。但是，也存在部分学生对于帮助他人持淡漠态度。随着网络的开放程度不断扩大，国家还没有完整的行之有效的监督方案，导致虚拟网络中不少不良信息传入校园。在校大学生正处于青春的重要转折点，还没有建立起完整的价值观体系，很容易受到不良信息的影响。因此，建立健康、和谐、积极向上的校园文化尤为重要。

（二）全方位进行校园文化建设

在校园文化建设方面，已有很多高校取得了卓越的成效。如宜春职业技术学院依托党组织开展三大类活动，进一步加强校园文化建设，科学规划、精心建设有特色、有品位的校园文化品牌活动，提升校园文化内涵，用精品校园活动引导学生提高人文素养，营造浓厚校园文化氛围，培养良好学风[27]。宜春职业技术学院团委带领各学院开展的“一系一品”校园文化品牌活动多种多样，共有三大类：

（1）学术创新类。结合学科特点和专业特色，打造质量高、学生参与面广的科技创新和科普创意品牌活动，注重对学生进行学术意识、学术规范和科学精神的培养，全面提升学生学习能力、科研水平和综合素质。例如师范类专业立足学科，开展具有学科文化特色的“一笔一画书写汉字，一撇一捺强化素质”书法训练活动。该活动做到了全员参与，师生共同训练，建立了以党员教师带头的书法训练小组，启动三级联动，即通过党员教师带动普通教师，教师影响学生的辐射效应，定期开展座谈会，相互借鉴和交流，从而不断提高全院师生的专业技能和综合素质。通过活动营造了浓厚的习字氛围，净化语言文字环境，为发展书法训练特色教育创设更为有利的平台。

（2）就业创业实践类。积极为青年学生走进社会搭建平台，引导青年学生锻炼融入社会的能力，加深对本专业的了解，增强就业竞争能力。组织开展就业创业活动，引导学生转变就业观念，激发创业精神和创业意识，不断提升学生的创业能力，切实转变学生的就业观念，激发学生的创新创业热情。例如开展校园 O2O 电商文化节，让同学们进一步了解电商并参与电商创业，对于激发学生的创业热情起到了积极作用。

（3）志愿服务及公益类。根据自身特长和组织优势，长期开展青年志愿者服务。结合实际情况，以公益为载体，开展环境保护、知识传播、公益晚会、专业服务等活动，提高学生的公益意识。

（三）学生事务管理人员助力校园文化建设

习近平总书记在全国高校思想政治工作会议上要求："必须围绕学生、关照学生、服务学生，不断提高学生思想水平、政治觉悟、道德品质、文化素养，让学生成为德才兼备、全面发展的人才。"[1] 如漯河医学高等专科学校就积极打造并培育出了"辅导员博客在线群""人文大讲堂""感动校园年度人物评选""文明离校毕业捐""南丁格尔夺杯竞赛""别把青春交给手机"等一大批文化特色活动。学生工作处和辅导员们通过有趣有益的活动丰富大学生的校园生活，借助优秀传统文化塑造大学生的精神气质，结合就业创业教育培养社会需要的人才。

二、英国高校校园文化建设现状及特点

（一）从物质文化看英国高校校园文化特点

高等院校物质文化是高等院校在长期发展过程中呈现出来的特点总和。它不仅是高校校园文化的具体物化的呈现形式，同时还是校园文化骨架构建的基本条件，主要内容有校园建筑、高校标语、环境建设、雕塑建筑、图书资料等。高等院校物质文化是一种作为文化沉积的存在，与人的各种感官进行直接接触，既形象又直观。高等院校内每一处拥有形态的设备和设施都反映着这个高校的人文内涵。这种沉积着深刻内涵的校园文化，能够长期持久地存在。高等院校物质文化一方面能够代表学校的形象，树立良好的姿态；另一方面也可以通过特有的文化更加直观地对学生起到陶冶情操、净化心灵的作用。

1. 环境优美，文化积淀

无论迈进英国的哪一所大学，最基础的建设就是优雅的古建筑和葱郁的古树。无需任何文字描述，都能让人感受到大学文化的雄厚与沉积。绿油的草丛、古朴的长椅、携书求学的学生，凸显出浓厚的求学氛围，浑然一体、和谐有趣。人文景观和自然景观相辅相成，构成了大学校园里一道文明的风景线。学生们受到校园优美环境的熏陶，自觉主动地与周围的人文环境建立起个体与整体的良好联系，从中获取匪浅的教育意义，融入自身的观念与思想当中。高等院校校园文化悄然无声地改变着学生的三观，让学生养成良好的行为规范，在总体文化建设上发挥了无形课堂的作用。

2. 设施齐全，方便实用

英国高等院校的各种教学设备与娱乐设施都很完善，安排合理、美观实用。教室大小适中，适合用于小班级的教学；会议室种类齐全、功能完备；生活住所干净优雅、整洁舒适；实验室有理有序、设备先进；图书馆书籍完备，便于查阅；学生医务中心与校外医院直接对接，服务高效快捷；校园网络分布广泛，充分满足学生上网需求；礼堂、体育场等大型场所宽敞明亮。有的高等院校还建有自己的展览馆、剧院、考试中心、博物馆、教堂等。这些设施的建立都以服务学生为中心。为了方便不同的学生群体使用，几乎所有高校都为国际学生、残疾学生以及不同宗教信仰的学生安排了相应的设施，同时可以根据学生的需要对这些设施的设定进行相应的调整。一方面，校园设施为教师的教学质量的提高和教学过程的方便提供了良好的物质基础；另一方面，时时处处传达出一种敬业严谨和以学生为本的教育理念，发挥着一种强大的文化教育功能。

（二）从行为文化看英国高校校园文化特点

行为文化的主要含义是由校园主体表现出来的文化特点，包括师生的行为特点、思维特点以及在师生基础上形成的学风和校风。行为文化是大学文化的清晰反映，校园文化的顺利形成需要建立在行为文化的基础上。

英国高等院校有着优质的教师资源和高效的教学水准，同时营造支持学生想法、尊重学生不同看法的开放氛围。高等院校有着高效而有理有据的管理模式，处处为学生着想，处处以学生为中心的细致服务，把学生放在第一位，考虑学生感受的教育模式。由于被这种高端优质的行为文化包围和熏陶，高等院校学生的行为举止体现出不同于其他学生的特点。

在机构建设方面，英国高等院校的管理制度大致来说是委员会管理下的校长责任制度，参与学校大小事务的决策。学校重要事务的管理由校长为首的专门行政机构来执行。各个层级委员会的存在和推进，有利于教育环境的公正、民主和教学质量的有效上升。

教学机构方面，英国高等院校的机构建设与中国有些许不同。学院等级更高的一般设为学部，学部内部设置学院，各学院内部设置相关的专业。除教师在课堂上的讲授知识外，英国高等院校尊重并推崇学生的自主学习能力。为了保证学生在学习过程中受到正确有利的指导，导师制度也是英国高等院校内教育制度方面的一大亮点。

在学生事务管理机构上，英国高校一方面大多都设有专门的学生服务中心，承担教学任务之外的所有和学生有关的事务，内容广泛，包括了学生日常规范准则的制定、新生招揽、学生档案的保存、考试相关事宜、节日福利管理和大学生职业生涯规划。主要职责包括学生纪律管理、宿舍生活管理、入学申请处理、心理健康咨询、艺术熏陶、残疾人事宜、考试管理、国际学生及留学生管理、学生的资助和补助、学生档案管理等方面。机构设施完备，涵盖学生学习生活的各个方面，定位准确，工作人员认真敬业，学生能在极短时间内解决好各类问题。另一方面，各个高等院校的学生会和宿舍管理委员会也在很大程度上发挥了教育和培养作用。几乎所有的服务组织除了在网络上发布相关服务信息外，还会设计精美、方便简洁的信息册，在教学楼、图书馆和宿舍楼还设有许多信息墙，便于学生更快地了解各个活动的举办和各个部门的工作情况，利于学生得到相应的帮助。

这些文化环境对高等院校的学生来说起着潜移默化的作用，不仅有效地反映出英国高等院校的教学质量与教育水平，而且对学生的人生追求起了正面的积极影响。对未来工作的憧憬、对高尚人格的塑造、对职业精神的完善，这些都能带给学生无限的精神力量。

三、相关借鉴与启示

（一）发挥辅导员在校园文化建设中的重要作用

作为高校学生日常思想政治工作和管理工作的组织者、实施者和指导者，辅导员在加强校园文化建设中发挥着不可替代的重要作用。加强校园文化建设，一方面有利于提升大学生的内涵修养，坚定大学生的理想信念；另一方面也有利于辅导员提升自身的精神境界，拓展思想政治教育的新渠道、新方法。辅导员在日常思想政治工作中要充分发挥文化育人功能，用优秀的校园文化为每一位学生的成长成才打下坚实的基础。在“互联网 +”的传播生态下，要求辅导员必须具备更全面的工作能力，通过工作实践，拓展校园文化教育的途径。通过开展系列主题活动加强校园文化教育，开展社会实践，拓展校园文化教育途径，并指导大学生创新创业，深化校园文化建设工作。

（二）构建校园文化建设的多维载体

优秀的校园文化在高校校园中的传播，离不开平台载体。

一是积极营造健康向上的校园文化氛围，打造多元实践平台，开展“实践养成”育人工程。在社会实践活动中融入校园文化主题，引领大学生在“行万里路”中“读万卷书”；打造立体化传播平台，营造氛围，开展“文化熏陶”育人工程。

二是积极构建网络文化平台，占据网络阵地进行校园文化宣传。以习近平新时代中国特色社会主义思想为指导，坚持文化传承和育人导向，通过多个维度建设高水平的校园文化载体，推动优秀文化的传承弘扬与创新发展。通过课程建设、师资建设、教材开发、实践创作、广泛传播和理论研究，打造高校文化建设样本。通过各类传媒平台，如易班、微信公众号、微博、空间博客等，形成自身的全媒体矩阵传播体系，从多视角覆盖大学生传媒环境。具体可参照图 7-1。

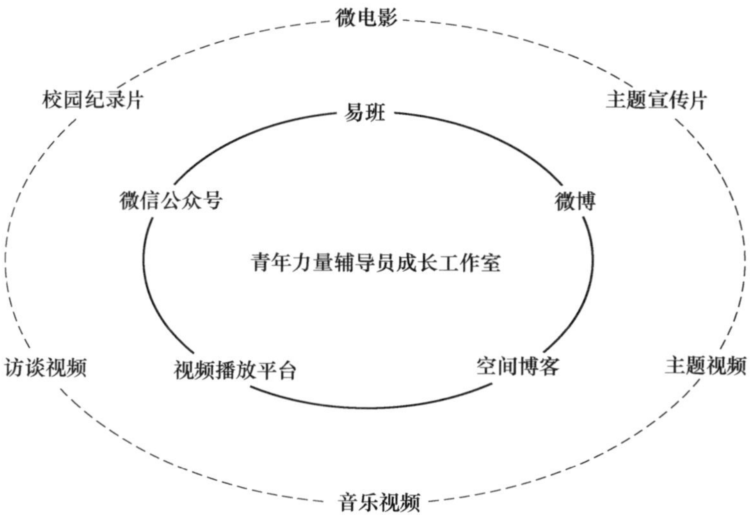

图 7-1　桂林理工大学青年力量辅导员成长工作室传媒项目示意图

第二节　中英高校校园生活保障工作比较

一、中国高校宿舍管理的内容及特色

（一）学生事务管理者在学生宿舍管理中的重要作用

在我国，高校学工人员、班主任及辅导员会深入学生中间，扎实有效地开展学生宿舍区内的学生教育管理和服务育人工作。他们及时了解、准确掌握学生的思想动态和学习、生活状况，做好学生宿舍的安全稳定工作和突发事件的处置工作，关心学生学习和生活等各方面

的需求。每周会定期及时收集、分析、上报涉及学生安全稳定的有关信息，排查安全隐患，做好学生住宿规范、卫生与安全情况检查，协助有关部门和院（系）参与相关问题的协调与处理，确保住宿区内的安全稳定。同时，引导学生营造高雅向上的校园住宿环境。

（二）学工处对宿舍辅导员的严格要求

为激励公寓辅导员不断提高政治素质、业务水平和工作能力，更好地发挥公寓育人的功能，我国大部分高校制定了相关考核。

一是学生基础文明监督检查的工作效果：是否对违反校规校纪的学生进行行为规范的指导，每周定期对学生寝室的安全、秩序、卫生等情况进行检查监督，及时、准确上报公寓内违纪情况。

二是日常管理工作效果：能否公平、公正地做好学生在公寓内的思想行为表现的综合测评、违纪处理等日常学生事务管理工作；能否对所辖公寓基层员工、固定资产及公共设施进行有效管理，使之更好地为学生服务。

三是关注学生心理健康的效果：关注学生心理健康，发现问题学生后，能及时将其在公寓的行为表现与学院辅导员沟通，共同做好心理危机干预工作。

四是开展公寓服务工作的效果：能否为学生提供高效优质的公寓住宿服务。

五是公寓自我管理委员会建设效果：能否正确指导公寓自我管理委员会建设，定期召开例会，带领公寓自我管理委员会的学生干部有效开展公寓的各项检查、评比、文化活动等。干部的选拔、培养和调整是否公平、公正、公开。

六是公寓活动效果：是否经常带领公寓自我管理委员会组织学生开展生动活泼、健康向上的公寓文化活动和社会实践活动，营造良好的公寓文化氛围，促进学生健康成长。

七是工作研讨情况：能否主动开展工作调查和研究，及时总结调研经验，开拓工作新思路。

二、英国高校宿舍管理的内容及特色

（一）宿舍管理与分配

英国高校认为，学生的住校经历是大学生活的重要组成部分。大学有对学生公寓进行集中管理的服务中心，归学生事务部管理。公寓管理通常是教学科研主管人员，也可能是高级管理人员。

学生公寓楼的住宿安排方面，本科生和研究生是分开的。学生住宿服务中心还为有家眷的学生提供公寓式住宿，可满足夫妻两人外加两个孩子的住宿和生活。公寓内还配备其他设施，其中包括网络接口，可直接登录大学网站；公用厨房（包括提供饮食服务），目的是方便学生加餐使用；每栋楼都有满足学生社交用的小型酒吧、电视机房等。

学生公寓的分配首先满足本科生需求，对于调剂到英国高校的新生，学校尽量帮他们解决校内住宿。总之，分配校内宿舍的原则是：残疾生、一年级的学生、毕业班学生、研究生和国际生优先安排，其他类型学生要往后排。

在分配学生宿舍的时候，校方也会注意文化差异。因为有很多本土学生和国际生，即便是英国本土学生，也因来自不同地区，民族和信仰略有不同。校方在安排学生住宿的时候，会特别注意把不同专业的学生安排混住，这有利于他们相互共享不同的专业知识和经验。另外，有些公寓也安排男女生混住，这种异性学生混住的办法，对学生来说也是新的经历。

每个学生公寓楼都有高级住宿导师（舍监），舍监一般在校时间长、职位高，对学校很熟悉，向学生提供牧师式的关怀。每个学生楼还有“学生活动室”，每个“活动室”都有学生福利员和国际生代表。这个“活动室”组织很多学生活动，尤其是学生活动周期间。此外，每个学生宿舍楼还有一个“朋辈辅导员”，这个辅导员是学生自由报名，大学心理辅导处选拔后培训上岗，出发点是因为年轻学生往往不愿意与年纪大的学校工作人员和教师交流，而更愿意与自己的同龄同辈交流。

以雷丁大学为例，该校目前总共有约17000名学生，但只有5000多个宿舍，分为14个宿舍区，累计为5000名左右学生提供住宿服务，以大一新生和大四毕业生为主。与国内高校不同，雷丁大学委托校外公司进行宿舍建设、维护和管理。管理人员分为宿舍区负责人和学生助理，其中宿舍区负责人由专业教师兼任，可以为学生提供除住宿以外的心理、学业、就业、药物滥用等多方面的咨询和服务。宿舍管理人员与学校学生服务中心、学术导师、安保人员等有良好的协作机制，一起为学生提供专业的帮助。他们的理念是，希望学生能够感到开心，因为只有开心的状态才能够在学术上有良好的表现。

（二）区分不同情况，提供相应服务

学校住宿的情况：学生申请住宿需要递交相应材料。入住服务包括多种服务，水、电、24小时值班巡逻等。学校会采取措施确保学生安全，也有专人在夜晚处理紧急事宜。校内住宿的学生会有全天24小时的服务，所有的宿舍是男女混住，没有同一性别的宿舍。校区和宿舍区有往返巴士，学生可以坐巴士、骑车，离学校很近的地方也有火车站。部分住宿学生有包餐服务，包括每周一到周五的早餐和午餐。包餐对这些学生来说是很好的社交机会，餐食也是根据个人习惯提供的多种可选择类型。

学校房产出租的情况：除了宿舍以外，学校还有一些房产出租供学生使用，但和宿舍分开管理。其运营基本情况和宿舍类似，每周有专人打扫，公共区域是共用的。这类房源需要和一年级新生合住，因为学校不为二年级及以上的学生保证房源，所以二年级及以上的学生要自己租房。学校出租房的租期较长，具体价格根据房型有所不同。

学校提供寄宿家庭住宿的情况：寄宿家庭的方式是与当地房东合住，租期从2周到全年不等，很灵活。寄宿家庭住宿也可以选择包餐

或者不包餐，包餐的家庭提供早餐和其他的餐食。

（三）学生会在学生生活保障工作中发挥重要作用

学院成立类似于学生会组织的时候，学院都会配备一间活动室作为活动场所，分为本科生活动室、研究生活动室、教授活动室。这些学生团体的执行委员会职能广泛，比如负责学生的活动、社交、投诉等，反馈给学校管理层。学校和学院都有自己的学生会，有的学院有两个学生会（本科一个，研究生一个）。之所以如此设置，是为了确保每一级都有代表。

校学生会独立运作，与学院分会联系和相互配合。学生会主席通过选举产生，带薪且任期为一年。学生会归根到底代表的是学生的利益，他们致力于鼓励学生参与和了解学校，组织学生与政府进行交流等，扩大影响力。

以前大学学生会被认为是“象牙塔”，脱离了全英学生，实际上并非如此。大学学生会还与当地警方合作，教育学生对自己的酗酒行为负责。另外，大学中心学生会与学院一级学生会不能脱钩，后者与学生更近，因此要保持思想统一，同时要促进分会之间分享工作经验。英国学生会与国内有很大的不同，学生会不对学校负责，他们有自己的经费和运作，主席等职务可以带薪。由于不对学校负责，所以在代表学生利益方面更加突出，他们有时甚至与校方对抗。当然也没有老师进行指导，完全是学生会依据广大学生的需求在工作。这些对于我国的借鉴意义可能并不大。

（四）宿舍文化对英国大学生群体行为的塑造尤为重要

在英国高校，每栋学生公寓一般设一名舍监，由教师或学校行政人员兼任。职责是接受学生的住宿申请，分配名额和安排住宿，处理与住宿有关的其他事宜。各个公寓的私密性很强，不论房间大小都是一人一间宿舍，公寓各项设施齐全。每层都设有一个厨房，每栋公寓楼都有一个公共计算机房和一个公共的休息娱乐大厅。如牛津大学总共有 30 多个学院，学院给学生提供 3 年住宿，学生有自己单独的房间，还有就餐处以及健身房。学校住宿服务部管理所有住宿的学生以及自己在外租房的学生，也为学生提供住宿相关的建议和信息。

学校有专门人员负责夜间值班，包括有专职人员和保安；遇到宿舍成员相处不好的情况，有不同部门和层级的人员进行调解和处理，如学生会有相关人员，还有学生代表可以参与调解，老师、物业等也帮忙开展这项工作。如果宿舍关系出现问题，可以分别与学生进行谈话，其中一方搬离宿舍，学校为其寻求其他宿舍；遇到蓄意违反学校宿舍管理规定的学生，会视情况处理。比如遮挡房间烟雾报警器的行为可以进行罚款，但如果情节严重，涉及犯罪，就要由警察等部门介入。

良好的宿舍文化对英国大学生群体行为的塑造尤为重要，学生们养成了尊重他人隐私和生活方式的良好习惯。在群居中保持自我的同时，也能感受到群体的温暖。

三、相关借鉴与启示

（一）强化服务意识，提升专业管理水平

英国高校学生事务工作强调以人为本，具有丰富的实践经验，并且有制度保证，各高校都在办学理念、章程和办学目标上有明确的规定和要求，有一套系统完善的为学生成才量身定做的服务方案，值得借鉴。我国高校学生事务工作人员要进一步强化“三种理念”（待生如子、待生如挚友、待生如栋梁），在教育、培养、管理、服务的工作中要像对待自己的孩子（亲人）一样对待学生，充满亲情、关爱和温暖；尽心尽责、周到细致地进行帮助学生，力争和学生结为真挚的朋友；要像对待国家栋梁之材一样，以高度负责的态度和精神，尽心尽力地为学生成长成才服务。

我国高校学生事务管理人员在服务学生的同时，也要增强专业化管理水平。比如学生有申请住在学校宿舍的权利，但也有遵守住宿规

章制度的义务，学校和学生通过签署住宿协议，督促并提醒学生遵守规章制度，履行法定义务。如果学生不遵守学校住宿的规章制度，就有可能被学校清除出宿舍。当前国内很多高校，学生宿舍管理工作、日常服务的规范化建设仍然不够，学生工作人员职责不够清晰，工作随意性大。因此，要进一步完善学生工作规章制度建设，建立健全学生工作的服务平台；加强校级学生工作部门的服务职能，促进教育、管理和服务的有机结合；充分发挥作为受教育者主体的自我教育管理作用，做到管理机制科学化、完善化。

（二）利用宿舍搭建朋辈教育平台

学生事务管理工作者可以深入学生宿舍，召开小型座谈会，与学生交流，进一步了解学生思想动态，及时对症下药，加强大学生思想政治教育，更好地为学生服务。同时，还可以利用宿舍搭建朋辈教育平台。

一是建立“一对一”模式，例如在提升宿舍凝聚力方面，培养和选拔出优秀的寝室长，带领宿舍同学营造良好风气，对于性格内向或者不善交际的同学，采用“一对一”帮助模式，在尊重对方意愿的前提下，帮助其主动融入集体生活，逐渐提升人际交往能力；二是安排朋辈心理辅导，在班级和宿舍范畴内分别由心理委员和宿舍长进行定期的心理辅导，采用班会、座谈等多种方式让朋辈间进行交流和沟通，在提升班级凝聚力的同时，维护宿舍稳定和谐。

第八章　自我审视：中国学生事务管理工作的评价

中英两国因地域文化不同，分别形成了不同的学生管理机制，蕴含了各自的独特内涵。本章主要分析中国高校在高校学生事务管理中的优势与不足之处。

第一节　中国学生工作的独特内容与优势

我国的国情、历史和文化，使我国高校学生事务管理独具中国特色。高校学生事务管理是高等教育的重要环节，它包含学生意识形态的管理、思想认识的形成和日常事务的处理。与英国等欧美高校对比，中国高校学生事务管理具有政治性、组织性和系统性等鲜明特点。

一、政治性

中国高校学生事务管理最具特色的是政治性，党的十九大报告中强调："把党的政治建设摆在首位。党的政治建设是党的根本性建设，决定党的建设方向和效果。"并强调，"旗帜鲜明讲政治是我们党作为马克思主义政党的根本要求。"[28] 我国高校学生事务管理的政治性体现在以下方面：

（1）坚持马克思主义的指导思想和中国共产党的领导。在2016年全国高校思想政治工作会议上，习近平总书记再次强调："我们的高校是党领导下的高校，是中国特色社会主义高校。”[1] 高校学生事务管理作为高校思想政治工作的一部分，是党的工作的重要内容，必须坚持中国共产党的领导。在实践活动中，我国高校学生事务管理已经形成党委领导、党政齐抓共管、职能部门分工合作、院系负责具体落实的领导体制和工作机制。

（2）始终坚持社会主义办学方向。社会主义制度是我国的根本政治制度，高校讲究以立德树人为本，作为当代高等学校学生事务管理工作者，应当培养出德智体美劳全面发展的学生。高校学生事务管理的任务是为祖国培养热爱祖国、为国服务的优秀大学生。引导高校学生通过不同的志愿活动、社会实践、主题教育和理论学习，将中国梦与青年梦紧密联系，将青年理想与中华民族伟大复兴紧密联系，成为社会主义的优秀接班人和继承者。

二、组织性

我国高校学生事务管理是学校党委工作的重要内容，在党委系统中设有专门的学生工作部门，有健全的学生党团组织，有专业化的政治辅导员队伍。欧美高校学生事务管理的组织架构以扁平化为主，以事务为中心，相对独立、条块分割。我国高校学生事务管理的组织性体现在：

（1）完善的学生工作组织系统，健全的学生党团组织。我国高校学生事务管理主要是围绕服务学生、关心学生、主动了解学生的要求，坚持以学生为中心，以学生为主导，让学生主动为自己创造空间、创造价值。

（2）“扁平型”的学生事务管理模式，提高了信息的响应速度。现代组织的管理制度正由金字塔模式逐步向扁平化模式演化，组织中间的管理层次被逐步弱化，通过减少管理层次来增加提高管理效率。通过对学生事务管理的机构进行不断切割细分，使每个部门各司其职，各个部门不重叠，管理人员不交叉，主次分明、左右协调，确保在学生事务处理中能够以最快、最迅速的方式发挥出整体效能。

（3）统一的宣传路径，引导校园舆论。在中国高校，学校的各大网站及新媒体平台都是统一按照党管宣传、党管媒体的原则进行宣传，具有鲜明的意识形态属性，更加注重政治宣传、舆论导向的功能，这是我们的特色及优势。

三、系统性

中国高校学生事务管理具有极强的系统性，在党委统筹下，每一个环节都有组织系统的调配以及安排，设有专门的安全事务处理中心，保障所有部门能够安全稳健地配合安排。我国高校学生事务管理中心实行党委领导下的党政共管体制，高校内部的学生事务管理形成了“党政合一、两级管理”的体系，机构设置实行从学校到院系的管理。有专门的辅导员队伍对学生进行教育管理，具有较强的行政能力，无论是校级学生工作处，还是院系学生工作处都直接面向学生，形成学生工作网络，使学生工作可以逐步渗透到学生生活组织的各个角落，有利于提高学生工作者在学校工作中的地位，便于日常的管理以及思想政治教育。

我国高校自上而下的管理模式对于建立一整套学生自主成长的发展体系非常有效，上下贯通、组织严密、执行力强是我们的特色，对高校实现人才培养、科研创新、社会服务、文化的传承与发展等职能作出了积极的贡献。我们一定要扬长避短，用我们的管理优势，形成职能多样化、工作标准化、人员职业化、管理法制化、服务人性化的特色，形成理念明确、体系完整、专业化、科学化程度高的服务模式，构建充分发挥大学生主体性、能动性和创新性特点的学生自主成长体系，引导人才回归初心、回归本位，把组织优势转化为全面优势，把支持服务和专业教育有机融合，切实把学生自主成长作为我们的出发点和落脚点，不断提升育人能力和水平，提高人才培养质量。

我国高校学生工作是卓有成效的，优势在于我们更加注重对学生进行思想引导，学生工作体系化程度高、工作合力明显，紧跟时代步伐、开展丰富生动的网络思政工作。这在高度强调个性创新的英国是较难达成一致，形成发展合力的。

第二节　中国辅导员工作室的典型案例

在中国，高校学生事务管理部门在党委领导下，创立了各级各类辅导员工作室，工作室结合线上及线下平台，整合资源、互通有无、彼此借鉴，发挥集体力量，统筹校内外优势及可用资源，结合辅导员项目、课题、理论等相关成果和经验合力打造了集理论、实操、案例、网络于一体的辅导员精品工作室[29]。

工作室形成核心后，又融合学校内所有育才造士之力，构建“协同参与”的网络育人机制，树立“大思政”理念，联合打造网络育人“共同体”，在协力参与中统筹资源，在交互中融合创新，在百花齐放中汇聚正能量。各工作室在凝聚合力中做到了以下几点：

（1）处理好学校职能部门与二级学院的关系。努力实现学校自上而下的顶层设计和学院自下而上的创新发展相契合，即学校层面育人工作的组织推动和学院层面的工作创新有效对接，两者一拍即合。确保学校的组织意图可以落地落细、学院的工作创新有政策保障和资源扶持。

（2）处理好个体发展与团队构建的关系。努力实现个体发展目标与组织发展目标相契合，即辅导员个体的职业发展目标与专业化团队的组织意愿有效对接，切实发挥专家的引领示范作用和团队的整体合力，积极打造学生工作的“先锋团队”，而不是孤军奋战，单打独斗[30]。

（3）处理好教师职业发展需求与学生成长成才需要的关系。努力实现辅导员专业化发展与学生成长成才需要相契合，即辅导员职业梦想的内在需要与大学生职业成长的外在需求有效对接，实现供需平衡过程中的效益最大化，构建师生成长共同体，实现教与学的互利双赢。

部分先进辅导员工作室介绍如下。

一、湖南省“网络思政名师工作室”——湖南大学蕴姐微思政工作室

（一）工作室简介

杨文蕴名师工作室成立于2013年,期初命名为“阳光宝宝工作室”，专攻心理健康教育和生涯指导，通过心灵鸡汤式的情绪疏导和共情共鸣进行心理健康教育，用干货的形式进行生涯规划与就业指导。随着工作经验的积累和对职业认识的不断加深，价值引领成为公众号更加核心的内容。工作室于2016年正式更名为“蕴姐微思政工作室”，也将公众号更名为“蕴姐陪你写青春”。从大学生的学习生活点滴之中开展微思政教育，立足学生常见的案例，贴近学生的生活，运用学生的表达方式，播撒爱的种子、德的理念，传承和发扬中华优秀传统文化精髓，弘扬社会主义核心价值观，在碎片化的微思政中潜移默化地影响学生，深入浅出地教育学生，让学生在喜欢读和愿意读中，做好价值引领。

通过5年的努力，“蕴姐微思政工作室”2018年正式获批湖南省“网络思政名师工作室”，开始从“辅导员＋学生”的模式逐渐转化为“辅导员团队”模式，探索新的内容制作和传播途径，围绕“坚持原创，贴近学生，项目带动”的工作格局，逐步建立“平台＋工作室＋项目”的工作架构。

自工作室成立以来，“蕴姐陪你写青春”公众号共发布原创文章200余篇，60余万字，稳定保持在每周至少更新一篇的频率。工作室各成员针对不同方向共同研讨、共同支撑，建立起强有力的微信矩阵，打造融媒体概念，提升推广质量。

（二）工作室定位

杨文蕴名师工作室定位于集合湖南大学多个公众号运行团队，利

用多个公众号平台，打造融媒体概念，共同进行青年学生的价值引领、学风建设、生涯教育、心理健康、习惯养成教育、校园生活等多个方面的服务、教育和引导。通过学生们喜欢的表达方式，运用风趣幽默的语言、生动活泼的案例，贴近学生的视角，还原大学生思想、学习、生活日常的同时，潜移默化地影响和积极正面地引导他们。

（三）工作室人员构成

负责人：杨文蕴（公众号“蕴姐陪你写青春”运营者）

工作室成员：

茹　娜（公众号“HNU 学业与发展指导站”指导老师）

李梦雪（公众号“湖南大学微生活”指导老师）

彭薪羽（公众号“鲜红的党旗飘扬 HNUCE”指导老师）

韩笑天（原公众号“湖南大学招生”指导老师）

岳麓学子论坛学生拍摄团队及学生编辑助理团队

（四）工作室业绩

1. 构建“一到多”的融媒体概念

从单打独斗到互相借力，完成了工作室成员各公众号的资源整合。第一，通过融媒体整合了工作室成员的媒介资源，将优质的网络产品进行合力推广和传播，提高网络产品的传播覆盖面及速率，为增强全网影响力打下坚实基础；第二，将多个平台和媒体相互关联和推介，使之相互支撑，组成网络育人工作圈。

2. 社会主义核心价值观系列作品

辅导员作为高校大学生思想政治教育的骨干力量，价值引领是工作中最核心的任务之一。如何让社会主义核心价值观教育入脑入心，如何让大学生从潜移默化的教育中感受到社会主义核心价值观的存在与意义，是杨文蕴名师工作室一直思考和研究的问题。结合多年网络思政的工作经验，该工作室推出了一系列“社会主义核心价值观”短片，从学生的学习和生活入手，以学生为主角，用学生的话语体系和辅导员的视角阐述社会主义核心价值观的意义，让学生在轻松和愉悦中深刻感受、理解和践行。

3. 公众号指标的突破

2013 年开创该工作室微信公众号以来，坚持原创，每篇文章的浏览量持续增加。从 2018 年年末湖南省名师工作室获批以来，不到半年时间，主公众号“蕴姐陪你写青春”的粉丝数翻了一番，点击量从平均 500~600 次，基本可以达到每篇文章的点击数上 1200 次，最多的一篇达到 6.4 万次，98% 以上的文章能登榜全国辅导员微信公众号原创文章排行榜，在每周的全国辅导员微信公众号动态排行榜中最佳成绩全国第一，平均成绩在 20 名以内。

4. 获奖

从公众号创建以来，团队成员多次斩获各类奖项。

杨文蕴，曾两次获得全国高校优秀辅导员博客评选活动优秀博文奖，获得湖南省高校网络宣传思想教育优秀作品优秀网络文章奖，多次获得湖南大学优秀网文奖，第六届全国辅导员职业能力大赛二等奖，湖南省辅导员年度人物。

茹娜，全国优秀教育工作者，全国高校优秀辅导员，全国辅导员年度人物提名奖、入围奖，全国辅导员职业能力大赛二等奖，湖南省辅导员年度人物，省基层理论宣讲先进个人，全国高校思政工作委员会委员候选人。

彭薪羽，指导的“鲜红的党旗飘扬 HNUCE”公众号获评全国“学习党的十九大精神宣传专栏精品奖”，湖南省辅导员素质能力大赛一等奖，湖南省高校辅导员工作研究与实践百佳个人。

韩笑天，教育部第二届两学一做学生支部微党课特色作品奖，湖南省辅导员素质能力大赛一等奖，湖南省大学生辩论赛优秀指导老师，湖南省研究生辩论赛指导老师。

李梦雪，中国大学生在线“新闻中心”2018~2019 学年（度）优秀指导教师，中国大学生在线新闻中心优秀指导教师，指导易千网络文化工作室获第五届红枫大学生记者节“十佳校园媒体”。

（五）工作室经验

1. 团队的组建

一支有力量有能量的团队是运行任何一个项目的必要条件。和谐融洽的团队往往会有较强的凝聚力，在项目建设中会迸发很多创意，在项目推进的过程中遇到了困难，也会不遗余力互相扶持，共同攻坚克难；在享受项目成果时，更是会倍感喜悦，彼此欣赏。

在构建团队的过程中，年龄结构和工作年限的梯度考量也十分重要。杨文蕴名师工作室的团队中有全国优秀教育工作者、全国辅导员年度人物提名奖获得者、全国高校辅导员职业能力大赛二等奖获得者；有着16年从业经验的茹娜老师，作为理论扎实、经验丰富、善于思考的优秀学生工作管理者，在项目中起着不可小觑的作用；工作室中的年轻辅导员了解学生、贴近学生，能够敏锐地触觉到学生中的热点问题，为项目的开展也起到了非常重要的作用；学生团队是工作室视频拍摄和剪辑的主力军，这是不可或缺的一部分。

2. 选题的角度

工作室老师都拥有自己指导的公众号，每个公众号的视角和主题各不相同，但有一个共同的特征，就是跟大学生分不开，所以所有选题的主题都是围绕大学生展开的。首先要了解大学生。他们会在哪个阶段遇到什么问题，会有什么困惑，会面临什么抉择困难，会存在哪些情绪问题，会有哪些很普遍但不自知的难言之隐……围绕这些问题，根据学生的需求，工作室的老师们选择不同角度来对大学生进行教育和引导。

3. 运用学生的话语体系表达

每个公众号运营者都会有自己的风格，在了解学生的话语体系的前提下，结合自身特点来表达，才会适应学生的胃口。写作方式尽可能轻松、诙谐、亲和力强，才能让学生对作品产生兴趣，并在读完作品后产生共鸣，受到启发、影响和教育。

（六）工作室建设下一步思考和方向

（1）在继续产出既营养又美味的网络作品的同时，将融媒体概念持续做强。打造湖南大学网络公众号联盟，互相促进、互相支撑、共同发力。

（2）在实践的过程当中不断总结经验和网络育人规律，形成研究报告或论文。通过研讨和实验、对后台数据的分析和统计研究，发现网络育人规律，形成具有代表性的成果。

（3）有体系、有计划地进行大学生的思想价值引领，拍摄更多受学生喜爱的微视频，拓宽教育渠道。讨论和研究剧本，联合摄制团队，将更多思政教育元素的内容融入微思政网络作品，在微信平台上进行推送，参与各类网络微作品比赛。

二、江西省辅导员“名师工作室”——江西理工大学发哥辅导员工作室

为贯彻落实全国高校思想政治工作会议精神，进一步加强高校辅导员队伍建设，提升辅导员队伍专业化、职业化水平，江西理工大学于2014年建立了发哥辅导员工作室，该工作室是江西理工大学首批成立的辅导员工作室之一。通过辅导员工作室的建设，发挥优秀辅导员的示范引领作用，打造省内外辅导员工作品牌，提高工作的针对性和实效性，增强工作的吸引力和感染力，培养又红又专、德才兼备、全面发展的中国特色社会主义合格建设者和可靠接班人。

（一）工作室简介

经过多年的实践探索，工作室形成了“奉行一个宗旨，围绕两条主线，依托两个平台，架起三座桥梁，设立六个模块”的工作思路，如图8-1所示。

一个宗旨是指：贯彻落实习近平新时代中国特色社会主义思想，

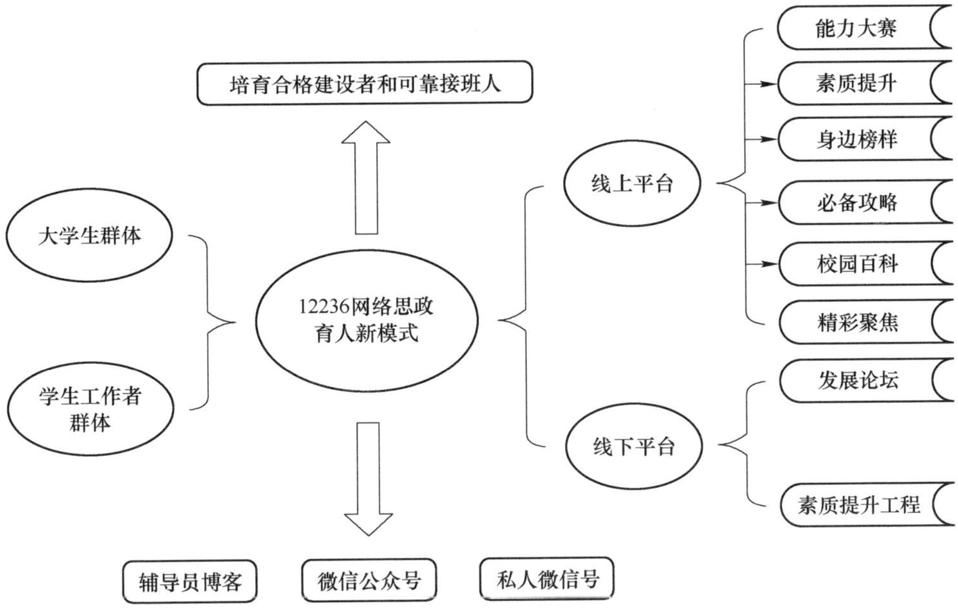

图 8-1 发哥辅导员工作室工作思路

提高高校辅导员队伍专业水平和业务能力，充分发挥辅导员队伍力量，把学生培育为中国特色社会主义合格建设者和可靠接班人。

两条主线是指：一是面向大学生群体，紧紧围绕“立德树人”这一根本任务，坚持以“围绕学生、关照学生、服务学生”为工作原则，以理想信念教育为核心，以学生问题为导向，培育和践行社会主义核心价值观，服务学生成长成才；二是面向高校学生工作者，以促进辅导员队伍职业化专业化发展为核心，以弘扬习近平新时代中国特色社会主义思想为重点，以辅导员团队建设为抓手，提升辅导员能力水平和专业素养。

两个平台是指：依托线上“发哥辅导员工作室”和“有事找发哥”两个微信公众平台，以及“大学生成长成才沙龙”和“辅导员职业提升沙龙”两大线下平台，线上线下相互结合开展思想政治教育工作。

三个桥梁是指：利用博客为学生提供一些在校期间可能存在的一些共性问题的解决办法和建议，与高校辅导员分享一些工作感悟；利用微信公众平台定期为学生和高校辅导员提供相关服务和资讯，提供指引和方向，帮助师生成长；利用私人微信为学生推送“每日一语”，与师生架起了三座沟通桥梁。

六大模块是指：在“发哥辅导员工作室”设立了“能力大赛”“素质提升”和“身边榜样”三个模块，为高校辅导员提供学工资讯、工作经验和前进动力。在“有事找发哥”个人微信公众平台上设立了“必备攻略”“校园百科”“精彩聚焦”三个模块，为学生提供精准资讯、精全服务和精神助力。

（二）工作室定位

通过发挥辅导员队伍人才优势，拓宽辅导员队伍交流学习平台，打造辅导员队伍建设，打通辅导员成长渠道。进一步促进辅导员与大学生的思想交流和思维碰撞，服务学生健康成长、成才、成功，推进学生工作面向现实困惑、解决实际问题，使辅导员工作更加贴近实际、贴近生活、贴近学生。

工作室以提升高校思想政治工作质量为目标，通过资源整合，为辅导员成长提供指导、帮助和交流互动的平台。一方面，工作室面向学生，坚持问题导向，注重精准施策；坚持目标导向，突出价值引领；坚持育人导向，顺应时代要求。聚焦重点群体、难点问题，加强分类指导，在关心人、帮助人、服务人中教育人、引导人、鼓舞人，不断提高学生的存在感、获得感和成就感。另一方面，工作室面向辅导员，致力于加强辅导员队伍建设，努力打造一系列独具特色、针对性强、成效显著的工作模式，并形成理论成果，使工作室成为展示辅导员风采的窗口、创新育人理念的平台和孵化辅导员名师的摇篮，推进辅导员队伍职业化、专业化建设。

（三）工作室人员构成

1. 主持人简介

饶先发，男，中共党员，在读博士，江西理工大学辅导员，教育部思想政治工作中青年骨干人才、英国雷丁大学访问学者、国家高级职业指导师、国家心理咨询师、全国共青团研究中心特聘副研究员；先后担任辅导员、分院团委副书记、书记、院长助理、党委副书记等职务；曾获全国高校辅导员年度人物提名、全国十佳博客奖、全国学生工作学术成果特等奖、新时代赣鄱先锋、省十大最美辅导员、最受欢迎十佳教师等60余项荣誉。出版著作6部，主持教育部课题1项、团中央重点课题1项、省级课题6项、市厅级课题10余项，发表论文26篇，发表新闻1400多篇，先后为全国120多所高校作报告。

2. 成员基本情况

工作室成员由教师组和学生组共同组成。教师成员是来自全国各地高校的一线学生工作者和江西理工大学的学生工作者，工作室通过分批次招募，目前有80余名成员。设置顾问若干名、主任1名，负责指导工作室的建设和发展；设副主任3名，负责工作室的日常建设和管理、发展工作及协助主任分管各小组的相关工作。

工作室教师组部分成员如下。

江西理工大学的工作室成员（13人）：

陈火平　申邦坡　曹希西　胡义锋　汤　浩　刘庭光　梁小康　李西玉　黄　琲　徐力勇　刘　畅　黄松炜　刘东佶

全国范围第一批工作室成员（14人）：

刘国权（哈尔滨师范大学）　　叶　明（黑龙江八一农垦大学）
玛依拉（中南民族大学）　　杜　静（西安工程大学）
高存福（青岛科技大学）　　吴琼石（锦州医科大学）
王尊博（牡丹江医学院）　　王樱霏（上饶师范学院）
张晨骏（洛阳理工学院）　　黄　鹏（广州工商学院）
王伟江（广州工商学院）　　于陆璐（燕山大学里仁学院）
梁涓湘（柳州铁道职业技术学院）　　黎佳佳（宜春职业技术学院）

全国范围第二批工作室成员（28人）：

王治平（西南石油大学）
韩媛媛（西南林业大学）
韩　笑（河南农业大学）
王　辉（哈尔滨工程大学）
郑雅菁（内蒙古师范大学）
金　凯（郑州轻工业大学）
秦　晴（南宁师范大学）
马瑞雪（黑龙江大学）
唐业喜（吉首大学）
张　飞（北部湾大学）
石宇超（浙江水利水电学院）
崔伦华（湖北经济学院）
吴旖旎（金陵科技学院）
邢　宇（赣南医学院）
韩　磊（石家庄学院）
魏　曼（宁夏理工学院）
蔡　轩（温州商学院）
张　宇（黑河学院）
王　晨（华北理工大学轻工学院）
邓宇轩（电子科技大学成都学院）
付晓庆（上海城建职业学院）
冯　婷（昆明工业职业技术学院）
梅晓芳（昆明工业职业技术学院）
尹梦帆（吉安职业技术学院）
黄森文（吉安职业技术学院）
方　馨（赣州师范高等专科学校）
曾娟燕（广东建设职业技术学院）
曾　凡（泉州经贸职业技术学院）

学生组成员主要由江西理工大学各学院学生组成，设有顾问团，顾问团一般由具有工作室管理和经营经验的高年级学生组成，分别设主任和副主任 1 名，负责工作室的统筹和安排。下设 4 个工作部门，分别是人力资源部、采编部、研发部和外联活动部。人力资源部负责工作室学生组人员的招新、培训和工作安排；采编部负责网上文章的编辑和推送；研发部负责公众号的后台设计、活动宣传海报的设计、小视频录制和小程序的制作等；外联活动部负责组织相关活动、收集教育素材等。

（四）工作室已有基础

（1）队伍建设初具规模。6 年来，工作室初步实现了从“单打独斗”到海纳全国 27 个省份、68 所高校的 76 名学生工作者的“大兵团作战”的更迭，其中高级职称 8 人、中级职称 46 人，博士 5 人、硕士 65 人，成员荣获全国高校辅导员素质能力大赛奖项近 10 项，获得各省份辅导员素质能力大赛奖项20余项，荣获全国或各省份辅导员年度人物或提名奖7人次，团队成员拥有辅导员工作室10余个，主持省部级以上思想政治教育类课题30余项。队伍整体具有较高的政治站位和较宽的工作视野，呈现出优势互补、多维融合、群策群力的育人“同心圆”，初步形成了强有力的网络思政智库。

（2）活动开展成效显著。6年来，聚焦成长需求，顺应时代要求，开展大学生成长主题工作坊40余次，工作室累计接待30余次600余人的校外交流参观。2020年新冠疫情期间，因时而新，工作室开展了“辅导员科研进阶之路”等22场辅导员网上沙龙活动，受益人数达5万余人。工作室微信公众平台关注量突破6万人，推文1200多篇，累计阅读量累计超10万次。工作室成员在100多所高校开展工作交流120余场。

（3）研究成果影响面广。工作室已列入国家级大学生创新创业项目，工作室主持人入选教育部思想政治工作中青年骨干人才（全国仅10位）、团队已出版《新时代高校辅导员工作室建设指导手册》《新时代高校辅导员素质能力提升教程》《新时代高校辅导员素质能力提升理论与实践》等著作5部，获批课题30多项，其中国家级7个、省级20个。目前，《新时代高校“十大育人”优秀案例》和《新时代优秀辅导员写给学生的一封信件》正在出版中。

（4）工作模式走向正轨。已有较为成熟的运营模式和特色栏目，线上开设“发哥辅导员工作室”公众号，通过能力大赛、素质提升、身边榜样等品牌栏目，为学生工作者提供最前沿的资讯和服务；线下针对高校大学生活动建立5个工作坊，分别是心理素质拓展工作坊、职业生涯规划工作坊、学风提升工作坊、考研出国就业工作坊、大学生资助工作坊。该模式在全国范围内产生了一定影响，有包括电子科技大学、四川大学在内的100多所高校来现场参观指导。

（五）工作室建设的经验

在这个信息高速发展的时代，发哥辅导员工作室融合“互联网+”

技术，形成了“互联网 + 学生工作”的工作思路。工作室教师团队由一批政治强、业务精、纪律严、作风正的辅导员构成。成员具备国家高级职业指导师、国家心理咨询师、全国学校共青团研究中心特聘副研究员、江西教育网特约评论员、中国大学生在线就业创业导师、中国高等教育学会学生工作分会理事、江西省辅导员专委会理事等资质。

1. 创建微信公众号，拓展服务平台

发哥辅导员工作室面向学生创建了“有事找发哥”公众号，每年迎新报到时，在校园内各处张贴“有事找发哥”的二维码，新生扫码关注后即可获得校园生活、大学指南等各项小贴士。学生还能随时随地在线咨询学习问题、生活问题等。对于学生咨询的问题，辅导员工作室会把问题归纳总结、形成文字，通过微信公众号进行推送，方便更多的学生了解情况。面向高校辅导员工作室创建了“发哥辅导员工作室”公众号，这个公众号主要致力于促进学生工作者的成长，不断分享全国优秀辅导员的工作经验和所思所想，研究高校辅导员职业能力提升和专业化发展道路。

2. 搭建交流渠道，建立沟通桥梁

工作室依托微信、QQ 和学工系统办公平台建立了圆梦交流群，方便校内的学工同仁一起交流学习。在交流群里大家每天会相互鼓励，传播正能量。遇到工作困惑大家也会一起在群里交流研讨解决的最佳方案。江西理工大学发哥辅导员工作室还依托微博和博客账号，为学工人员提供更大的交流平台。此外，在线下建立了辅导员会议室，为定期开展辅导员学术沙龙使用。

3. 分享优秀经验，助力师生成长

工作室成员分教师组和学生组。面向学生，教师组成员会定期给校内学生开展关于理想信念教育、爱国主义教育等讲座；学生组会利用新生入学教育机会给新生进行宣讲，并把自己的优秀经历发布到公众平台，给予学生更多的帮助，起到榜样示范的作用。面向辅导员，工作室教师组成员不仅在网络平台上分享个人经历、研究辅导员素质能力提升的方式方法，助力辅导员队伍建设和发展；还会把自己的工作经验进行总结提炼开展线下讲座，分享给各高校的辅导员并为他们答疑解惑，引导他们向职业化、专业化道路发展。

4. 制定“十个一”工程，夯实辅导员本职

为全面提升辅导员队伍的整体素质，更加全面指导学生成长成才成功，发哥辅导员工作室制定了“十个一”工程，工作室的每位教师组成员都需达到要求并计入工作考核。“十个一”工程具体内容如下：（1）每天至少与一名学生谈心谈话；（2）每周至少检查一次早读、晚自习；（3）每周至少去一次学生宿舍；（4）每半月至少进一次课堂；（5）每月至少开一次主题班会；（6）每学期至少组织学生参加一次户外活动；（7）每年至少参加一次提升培训活动；（8）每年至少参加一次各类比赛活动；（9）每年至少获一项荣誉；（10）每年至少发表一篇论文。

5. 注重分类管理，提高工作实效

为加强学生工作的管理和服务，辅导员工作室特别注重对工作进行总结凝练，对班级会议、活动、学生信息、学生职业生涯规划等都会按专题分类整理汇编成册，既方便后续工作的跟踪和调查，也方便其他辅导员学习借鉴。基于学生成长教育的研究，发哥辅导员工作室为了解决思想政治工作的“最后一公里”问题，开创性地实施了“大学生成长手册”“党员入党积极分子成长手册”“公益服务活动登记手册”“本科生听讲座学分认定手册”“大学生职业生涯规划手册”“新生训练营成长手册”等多个帮扶学生成长体系，创新提升了学生服务管理体系。

6. 线上线下结合，引领师生共进步

工作室还会结合内容进行线下讲座。截至目前，面向广大学子开展了 30 多次专题讲座，贴合学生生活，结合当下政治热点对学生进行思想引领，如开展了《新生入学教育专题》《学生干部应该懂得的“礼仪”》《如何做好基层的“团学”工作》《宣讲十九大精神：十九大报告解读课件》等讲座，并把讲座内容形成文字发布在博客和微信公众号上，

通过这一场场主题报告，增加了青年学子理想信念教育的实效性。同样，工作室成员在天津、湖北、山西、广西、江西等10余个省级辅导员培训班，在中南大学、山西大学、南昌大学等100多场讲座中，面向全国各高校辅导员分享了作为辅导员的心得体会，介绍了辅导员成长的经验。

7. 注重平时积累，发挥网络作用

6年来，工作室团队运营的“发哥辅导员工作室”“赣州高校圈”等微信公众号影响较大，其中“发哥辅导员工作室”稳居全国高校辅导员微信公众号影响力前5名，目前粉丝超过60000人，发布了能力提升、政策解读等文章1200多篇，浏览量高达200多万次，牢牢把握了网络思政阵地。

8. 潜心研究，科研带动万余人提升

饶先发团队积极撰写《高校辅导员的100个系列》等论文，先后荣获全国高校学生工作学术成果特等奖、全国学校共青团学术年会论文二等奖、全国辅导员工作优秀论文三等奖等60余项荣誉。出版《新时代高校思政课的打开方式》，获广西第十五届精神文明建设“五个一工程”奖（全国图书仅8部获奖）。饶先发先后主持教育部人文社科课题、团中央重点课题等8项省部级课题、市厅级课题11项，出版5本著作，发表学术论文30余篇。为了更好地带动同仁共同发展，饶先发牵头组织全国77个优秀辅导员工作室，共同梳理、协同发力，编辑出版了全国首部《新时代高校辅导员工作室建设指导手册》，为同仁业务开展提供有益借鉴。出版了《新时代高校辅导员素质能力提升教程——基于辅导员素质能力大赛》，为同仁备赛指明方向，受益人达万余人次。

9. 合理运营机制，发展规划长远

工作室每天有值班人员负责线下学生的咨询和线上活动的编排。工作室各部门每周会进行工作部署，整个工作室也定期开会研讨工作室的活动设计与安排，讨论活动的开展和公众号的推文选题，分析前期公众号运营中存在的问题，制定工作室近期活动计划。工作室要求成员要定期凝练工作特色，推广先进经验，总结形成的理论成果，凸显思想政治教育工作特色。提炼新方法，建立完善的大学生分类指导档案，为学校学生教育与管理工作作出积极的贡献。每位工作室成员需要结合自身资源定期为“线上平台”提供文稿素材，支持公众号的长期发展。工作室建设和管理过程中，工作室成员的工作与辅导员其他各项工作同等地位，并根据工作情况制定相应的激励奖励措施。此外，工作室成员若因个人或其他原因无法继续负责工作室相关工作，需提前向学生处提出书面申请，待工作交接完成后方可离职。

三、泉州师范学院朱子微言网络名师工作室

（一）工作室简介

朱子微言网络名师工作室的前身为成立于2017年6月的“朱子微言”网络思政工作室，旨在为青年大学生“补补课”，帮青年朋友“解解惑”，陪青年朋友“聊聊天”，倾听青年大学生的心声，回应青年朋友们关注的热点焦点话题，利用网络新媒体为大学生搭建学习交流的新平台，帮助大学生更好地健康成长、快乐学习。

工作室由“朱子微言”“刺桐花开网络工作室”“‘易’网情深　‘媒’你不行网络文化工作室”三个公众号平台和教育部中国大学生在线朱子微言专栏、新浪微博朱子微言、简书朱子微言、今日头条朱子微言等新媒体平台构成。

（二）工作室定位

工作室以习近平新时代中国特色社会主义思想和党的十九大精神为指导，坚持“立德树人”教育理念，充分发挥新媒体网络思想政治教育功能，挖掘、融合思想政治教育资源，构建新媒体育人示范平台，定期开展网络教育活动，提升高校师生网络文明素养、网络安全意识、网络法治意识，提高大学生对不良网贷等网络诈骗行为的甄别抵制能

力。通过开展线上线下交流学习活动，以文章创作、专题研讨、实践探索等形式推动思想政治工作传统优势与新媒体新技术深度融合，实现线上线下协同育人，打造一批有志于在网络育人领域持续做出贡献的网络名师工作队伍、学生骨干队伍，充分发挥名师工作室的示范、引领、辐射和带动作用，促进高校“三全”育人大思政格局的形成，提升新时代高校网络思想政治教育实效。

（三）工作室人员构成

1. 主持人简介

朱应开，泉州师范学院商学院辅导员、福建省思政杰青工作室主要成员、泉州市作家协会会员、专栏作者，出版专著 1 部，发表论文 7 篇，参编教材 2 部，主持校级以上课题 3 项，参与省市课题 6 项。现为泉州师范学院首批网络名师工作室“朱子微言网络名师工作室”负责人、商学院“刺桐花开网络工作室”负责人，教育部中国大学生在线专栏作者、高校辅导员联盟专栏作者。在学习强国、《中国科学报》、全国高校思想政治工作网、教育部中国大学生在线、高校思想政治队伍研修中心（高校辅导员网络培训中心）、中国教育干部网络学院、高校辅导员网络学院、高校辅导员在线、高校辅导员联盟等报纸、网络平台发表文章 100 余篇。曾受江苏大学、大连交通大学、牡丹江医学院、河北科技师范学院、仰恩大学等十余所高校邀请作学生工作专题讲座。曾获福建省高校思想政治教育工作优秀论文一等奖、福建省高校思想政治教育研究会宣传思想工作委员会年会论文二等奖、教育部中国大学生在线年度十大专栏人气作者等荣誉称号。

2. 成员基本情况

（1）工作室顾问：

范　蕊　山东大学海洋学院党委副书记，2019 年最美高校辅导员、第九届全国高校辅导员年度人物荣誉获得者

王泗水　泉州师范学院学生工作部部长

胡凌松　泉州师范学院陈守仁商学院党委书记

（2）工作室成员：

刘晓莹　泉州师范学院音舞学院团委副书记

陈美婧　泉州师范学院体育学院团委副书记

李金荣　泉州师范学院资源与环境学院辅导员

潘保安　泉州师范学院陈守仁商学院辅导员

赖　鸿　泉州师范学院研究生处辅导员

（四）工作室业绩

1. 工作室成员获奖情况

两年来，工作室成员获校级以上荣誉共计 50 余项。1 名老师获第五届福建省高校优秀辅导员、福建省高校优秀思想政治工作者、福建省优秀共青团干部、福建省大中专学生志愿者暑期“三下乡”社会实践活动先进工作者、2018 年“爱我国防”全国大学生主题演讲大赛优秀指导教师荣誉称号；1 名老师参加第七届福建省辅导员素质能力大赛获三等奖；1 名老师论文获福建省高校思想政治教育研究会宣传思想工作委员会 2019 年年会优秀论文二等奖；2 名老师分别获泉州师范学院辅导员素质能力大赛一等奖、三等奖。

2. 工作室成员科研立项情况

两年来，工作室成员获批校级以上科研项目 20 余项，出版 1 部思想政治类专著《阅·青春——一名大学辅导员的工作实践与思考》。刘晓莹老师主持的“立德树人、文化育人、创新立人——构建‘三位一体’南音专业大学生实践育人体系”项目入选 2018 年福建省高校辅导员工作精品项目，其主讲的课程“设计思维与创新创业”获批 2018 年福建省精品在线开放课程，微课获 2017 年福建省“优秀青马微课”；1 名老师获批泉州市 2019 年社科课题 1 项；工作室多位老师获批 2019 年泉州师范学院思政专项课题；1 名老师获批 1 项校级重点教改项目；工作室多位老师论文获泉州师范学院辅导员年度优秀论文。

3. 工作室线上线下活动开展情况

工作室成立以来，累计推送 545 篇文章，字数达 100 余万字，线上互动交流 4000 余人次。两年来，工作室成功开展新媒体培训、考研考公培训等线下活动 10 余场。

（五）工作室经验

1. 探索思政工作“新载体”，构建新媒体育人示范平台

工作室公众号“朱子微言”创建至今，受到了大学生和高校思政工作者的热烈欢迎和真心喜爱，单篇阅读量突破 15 万，互动留言近 5000 条，后台关注粉丝近 1 万人。工作室负责人现为教育部中国大学生在线、高校辅导员联盟专栏作者，公众号被收入教育部中国大学生在线网站。

工作室公众号及平台原创网络思政文章曾多次上榜全国高校辅导员微信公众号影响力排行榜前 10。12 篇文章被“学习强国”平台转载，众多文章被全国高校思政网、高校辅导员在线、高校辅导员联盟、贵州大学、青海师范大学、福建师范大学、山西大学、海南大学等上百所高校微信公众号转载。2 篇文章被教育部思政司中国大学生在线网站收录，其中，《辅导员素质提升之案例分析》一文作为 2018 年全国高校辅导员素质能力提升专题学习材料进行展示，供全国高校辅导员参考学习。疫情期间，工作室主持人撰写的《疫情当前，高校辅导员要向学生讲好这堂课》一文被全国高校思政网微信公众号转载，单篇阅读量超过 15 万，被全国 230 多家教育系统网络平台争相转载，传播了抗疫正能量，引起了广泛社会反响。

2. 推进辅导员“专业化、专家化”发展

工作室线上线下各类活动的开展，提升了辅导员自身专业技能，工作室创作的文章既有理论深度又有解决现实问题的精品文章，阅读、学习这些文章，不仅可以提升辅导员理论素养和思政水平，还可以为辅导员做好高校思想政治教育工作提供理论支持，提升辅导员工作的

科学化、专业化、专家化水平。工作室主持人先后为江苏大学、大连交通大学等多所高校作网络思政、网文撰写技巧等学生工作专题讲座。工作室成员先后参加了演讲与口才训练，通过了国家心理咨询师、大学生生涯教练等技术资格认证，多位成员为省级、校级辅导员素质能力大赛获得者，有力推动了辅导员队伍的专业化建设。

3. 因势而新，创新辅导员办公形式

工作室结合大学生实际需求，创新辅导员办公形式，开发微信平台新功能，包括“学生请假制度、学生活动量化统计功能、‘六个一’党员修身活动、刺桐书院”阅读功能。

四、北京高校辅导员工作室——“指南针”生涯规划工作室

（一）工作室简介

2015 年 6 月，为落实北京市委教育工委深入贯彻中央关于加强辅导员队伍建设的精神，北京工业大学设立以大学生生涯规划落地系统构建为主攻方向的“指南针”生涯规划工作室。经过两年的建设，工作室于 2017 年底正式晋级为北京市高校辅导员工作室，成为目前市级唯一以生涯规划与就业指导为主题的工作室。

工作室以社会主义核心价值观为引领，贯彻落实全国高校思想政治工作会议精神，依托学校各职能部门，利用成员的专业优势，通过线上线下双通道，引进先进的理论与技术，面向全体学生，提供精细化、个性化与精准化的生涯规划服务。运营三年半以来，工作室已打造了自己独特的文化与精神。

（二）工作室定位

瞄准学生在生涯与就业等方面的成长需求，聚焦大学生内驱力与外驱力两个成长的主动力进行发力。通过线上线下双通道，整合北京大学、北京工业大学、北京化工大学与首都医科大学等四大成员校及

企业资源，组建督导、顾问、导师与学生等四支队伍，发挥团队在生涯与就业教育及指导领域的实践优势，协同作战，构建“八位一体”的教练型辅导员成长模式、教练型学生骨干“学生成长五人系统”等，促进大学生生涯规划全面落地。

（三）工作室人员构成

1. 主持人简介

廖满媛，北京工业大学副处级辅导员，生命科学与生物工程学院学工办主任、就业负责人，北京高校辅导员工作室（“指南针”生涯规划工作室）主持人，高级职业指导师、全球职业规划师、全球生涯教练、创业咨询师、前程无忧人力测评师。从事职业规划、就业指导与咨询工作14年，积累咨询案例上千例。擅长职业兴趣与个性分析、职业选择、简历撰写、面试实战。

从事辅导员工作18年，致力于大学生职业生涯规划与辅导员专业化成长与发展研究。曾主持研究项目13项，其中省部级项目3项；参与科研项目6项，其中省部级项目2项；总共发表论文20篇，以第一作者发表16篇；参与出版著作7部，其中编著1部、副主编1部及参编5部。总共获得30余项与德育教育、党务与志愿服务有关的奖励，其中2018年获得全国高校辅导员年度人物提名，2016年和2008年两度获得“北京高校优秀辅导员”称号。

2. 成员基本情况

张桐语　北京大学辅导员，曾参加发展辅导专业化培训、心理健康教育培训，北京大学“事业与人生”课程讲师

佟巍　北京工业大学经管学院党委副书记，全球生涯规划师、全球生涯教练、中级职业指导师

庄青竹　北京工业大学通州校区教师，全球职业规划师、全球生涯教练、国家级生涯规划师、创新创业导师、心理咨询师

陈晨　北京工业大学文法学部辅导员，全球职业规划师、人保部

生涯规划师、KAB 创业讲师

柴晶晶 北京工业大学文法学部教师，曾参加 GCDF（中国）认证培训、人际沟通分析学等培训，并承担《大学生职业生涯规划》课程

弥志伟 北京化工大学教师，全球职业规划师（GCDF），新精英“选对”职业发展平台咨询师，曾任北京双语土司马斯俱乐部教育副会长

贯爽 北京工业大学校团委办公室主任，全球职业规划师（GCDF）、BCC 全球生涯教练

张翃 首都医科大学辅导员，高级政工师，国家高级职业指导师。曾获首都高校社会实践先进工作者、北京市优秀辅导员等称号

王钰 北京工业大学机电学院研工组组长，“大学生职业生涯规划”授课教师，全球职业规划师（GCDF），国家二级就业指导师，中国心理学会认证学习教练，北森认证职业测评师，职业生涯咨询师

李佳斌 北京工业大学学业指导中心主任，BCC 生涯规划师、北京市辅导员大赛一等奖、国家二级运动员、国家一级裁判

（四）工作室业绩

1. 扎实推进工作，促进学生成长

通过学生骨干训练营、体验式主题工作坊、个体咨询等实践探索，初步形成符合个人成长规律的“学生成长五人系统”。各期学员中有 54 名学员获得由指南针工作室设立的旨在鼓励学员运用教练技术开展自我管理取得成果的个人“成长奖”，他们在学业、科研、人际、个人健康与心态等方面均取得较大进步；同时大部分学员逐渐成为教练技术使用的受益者及校园传播教练技术的重要力量。截至目前，共收集学生对工作坊与训练营、个体咨询的收获与感想反馈 500 多条。

2. 形成辅导员共同学习体，做有实力有情怀的学生陪伴者

通过强输入与强输出，初步构建“分享专业书籍 + 内训 + 外训 + 研讨 + 观摩 + 研究 + 实践 + 反馈”等“八位一体”的辅导员共同成长模式。工作室成员立足岗位实践，并多次受邀在兄弟院校进行专题分

享与交流，成为领跑高校生涯规划实践领域的重要力量，现成功孵化两个新的校级辅导员工作室。成员主编《大学生职业生涯规划与发展》、编著《智慧职场拒绝黑天鹅》、参编《初入职场 ABC》与《创新职业指导》等书籍。

3. 接待来访，辐射同行

工作室活动覆盖全校 20 多个院所以及北京化工大学等多所高校的各层次学生，包括本科、硕士与博士，直接精细服务达 4000 余人次，产生了大量成功辅导案例。成果得到《北京教育》、工大新闻网及同行的广泛关注与传播，共接待海南大学等 13 所京内外高校的调研与访谈，通过上海市与黑龙江省等地辅导员培训基地开展广泛交流，向全国高校进行成果辐射。在 2016 年、2017 年、2018 年学校工作室开展的年终考核中，连续三年获得学校“年度考核优秀”。同时，其以“找准问题、协同作战、辐射同行”为主题的成果获得 2017 年北京工业大学第三届思想政治教育工作实效奖“特等奖”。

（五）工作室经验

1. 构建清晰的工作体系

以构建精细化生涯规划落地系统为目标，通过大量学习与实践，打造教练型辅导员及教练型学生骨干，同时通过团体工作坊与训练营、校友访谈、线上线下的个体咨询、线上微课等方式为其他有需求的学生提供持续的支持与服务。

2. 搭建线上微信公众平台，全面服务广大学生

2015 年 9 月，指南针工作室微信平台正式上线。2018 年从最初的咨询区、活动区与话题区等三个模块，改版为学生服务、同行分享与企业对接三个服务模块。到目前为止，共发送图文信息 240 余条，总数达 30 余万字，形成了广泛的宣传效应。在学生思想政治教育上，尤其是在帮助学生形成良好的生涯规划意识、树立正确的就业观、提高就业力与职场适应力等方面发挥了积极作用。

3. 尝试多种学习方式，探索“教练型”辅导员成长模式

通过向书本学习、向他人学习与向实践学习，同时采用“强输出”倒逼“强输入”的方法，初步构建了“分享专业书籍+内训+外训+研讨+观摩+研究+实践+反馈”等“八位一体”的辅导员共同成长模式，促进辅导员专业化水平的快速提升，更好助力学生成长。工作室成员在近年里共计分享书籍60余册、研讨与内训18次、督导与培训25人次、成员开展项目研究7项，通过全方位的强输入促进实操：开展教练型训练营三期，共开办16场专题讲座、工作坊50余场、岗位实践面对3000多名学生。

4. 尝试将“教+练”有机结合，探索教练型学生骨干成长体系

结合学生成长需要，工作室将教练技术校园化，开发涵盖梦想激发、目标落地、时间管理与教练强大信念等内容的课程，已成功举办教练型学生骨干训练营4期，培训了来自北京工业大学、北京化工大学与首都医科大学等多所高校的196名大学生。通过集训为每名学生配备导师、组建伙伴群、创建青春榜样等方式，持续实践与督导100天，并开展“我的梦想我的路”的中外大学生研讨与成果展示等环节，形成了符合个人成长规律的“学生成长五人系统”。

5. 面向全体学生，尝试推出体验式生涯教育与服务

结合大学生各阶段的发展需求，开展生涯规划、素质提升与就业指导等主题体验式工作坊，并重视个性化问题解决，开展个体咨询，持续为有需求的学生成长提供支持。

6. 开展校友访谈，拓宽职业视野

从2016年来，连续招募全校45名学生开展三期校友访谈，共51例，从民营、外企、国有企业等多个角度了解企业特点与人才需求，从科研、人力、财务与销售等角度了解岗位特点及能力要求，以有效拓宽学生职业视野。

指南针工作室自2015年6月创建以来，坚持瞄准学生在生涯与就业等方面的成长需求，聚焦大学生内驱力与外驱力两个成长的主动力，

通过整合校企优质资源，发挥团队优势，在创新学生成长模式与辅导员专业化发展等方面均取得了较多的理论与实践成果。在4年多的实践中，一方面，立足构建大学生生涯规划落地系统，开展丰富多彩的生涯与就业教育与服务，在帮助学生形成良好的生涯规划意识、树立正确的就业观、提高职场适应力等方面进行了大量探索，形成了符合个人成长规律的“大学生成长五人系统”工作模式。另一方面，工作室面向高校辅导员，通过分享专业书籍、主讲多场生涯与就业指导工作、与学生一起走近校友及高新企业等方式快速促进辅导员团队的成长，构建了“八位一体”的辅导员共同成长模式。与此同时，工作室成功孵化两个新的校级辅导员工作室，在力争成为领跑高校生涯规划实践领域的重要力量的同时，为高校辅导员队伍职业化与专业化发展起到了良好的引领与示范作用。

第三节　中国高校学生事务管理的不足

一、服务职能出现异化

随着大学规模不断扩大，其职能服务难免出现偏差与异化现象。学生管理的异化，总体表现为在学生管理过程中组织职能、管理目的、师生关系化等方面的异化，失去了它以促进学生发展、为学生发展提供服务为中心的本意。虽然中国高校一直在倡导扁平化管理模式，但是部分学校仍然存在着由于层级过多而引起信息传递效率较低的现象。首先，学校下发通知时，往往是校领导、院系领导、辅导员、班委一层一层传递，可能会导致信息失真。其次，由于需要逐级上报，学生的需求往往难以迅速向相关领导反映，问题无法及时解决。

二、工作内容过于宽泛

一些高校给辅导员安排的任务工作繁杂并且涉及面广，大量占用辅导员的时间及精力，使得大多数辅导员疲于应对而不能真正深入学生事务管理中，无法静下心来及时进行工作总结与反思。

虽然我国教育部规定高校辅导员与学生比例是1:200，但许多高校因辅导员人数不足，远小于这个比例。从专业角度来说，目前我国高校的各类专业中还没有关于学生事务管理的专业。相近的专业如思想政治教育、教育心理学、心理学等专业的毕业人数还不能满足当今的社会需求。非专业的辅导员们因缺乏经验与相关的背景知识，面对宽泛的工作内容更是无从下手，分身乏术。教育功能的泛化，无形中加大了学生工作者的压力。这种情况一方面不利于学生迅速成为对自己负责的个体；另一方面当真正出现极端事件时，往往也分不清到底应该是谁的责任。长此以往，将会导致学生心智成熟发展较慢，辅导员也疲于应付，无法聚焦于思想教育的主责主业。

因此，在学生工作事务管理面临瓶颈的今天，把精细化管理的理念和方法引入学生工作，最大限度地减少管理所占用的资源和降低管理成本，对我国的高校学生事务管理工作的发展具有重要意义。

三、队伍建设有待加强

目前，高校辅导员逐年呈现出年轻化趋势，年轻辅导员处于从“学生”到“教师”的过渡时期，其自身虽然有年龄优势，但也存在职业无力感[31]。再加上由于历史的种种原因，导致辅导员队伍建设仍然相对滞后于高等教育改革发展形势和大学生健康成长成才的实际需要。突出问题表现在：辅导员队伍不稳定，缺乏工作阅历和经验的有效积淀和传承；辅导员专业化程度不高，缺乏相关专业人才和相应的职业标准，既不能完全满足学生越来越高的期待，又难以得到社会的肯定和教师同行的认可。当前，我国高校学生事务管理仍然存在工作边界不清、内容繁杂、日常性事务偏多等问题，这势必会降低辅导员对思想政治教育工作的热情度。部分高校对辅导员定位较为模糊，常常既是行政管理人员、服务人员，又是思想政治理论课教师，这种定位模糊使得辅导员队伍存在年龄结构断层、受教育体系不健全、职称学历实力不足等问题，这些问题使得辅导员专业化建设势在必行[32]。

因此，高校应加强辅导员工作内涵建设，将与思想政治教育关联度不高的事务性工作剥离出去，同时加强各部门的协同联动机制，为辅导员开展思想政治教育提供更多便利条件，搭建更大平台。当前，各高校已基本形成了全员育人的思想共识，但如何科学、有效地实施尚处于自我探索的起步阶段[33]。这个阶段最为关键的一点就是要细化责任，要明确不同类型教师对于开展学生思想政治教育承担什么样的责任。2017 年教育部第 43 号令《普通高等学校辅导员队伍建设规定》中明确指出，辅导员是开展大学生思想政治教育的骨干力量，是高等学校学生日常思想政治教育和管理工作的组织者、实施者、指导者。这明确了辅导员在开展思想政治教育工作的角色定位和相应责任。因此，高校需要进一步明确全体教师在育人过程中的职责，充分提高全体教师的主人翁意识，才能更好地推动全员育人。

第九章　守正出新：中英高校学生事务管理对比后的思考

不论是在中国还是英国，亦或是在更为广阔的世界范围内，高校都是整个社会的精神高地和科技创新的前沿阵地。正如习近平总书记所说："我们对高等教育的需要比以往任何时候都更加迫切，对科学知识和卓越人才的渴求比以往任何时候都更加强烈。"[34] 这充分体现了高等教育在民族振兴和社会进步中所起到的重要作用。

英国高等教育以培养学生的独立学习能力和适应社会的就业能力为核心，培养出大批创新型人才，使英国的科技水平在世界领先。在就业指导、心理咨询、学生日常事务管理等各个方面，都具有鲜明的特色和良好的实际效果。中国高校需要在发挥本国优势的基础上，取其精华，弃其糟粕，充分参考和借鉴英国学生事务管理中的经验，促进我国高校学生事务管理工作的发展。

第一节　高校学生事务管理的顶层建筑

一、优化学工体系，构建与教学联动的内外机制

英国高校对学生指导和服务的"三全育人"理念不仅体现在学生事务工作中，更体现在整个大学教育的各个方面，体现在全体教职员工的心中。学生事务管理部门也把学生的学术基本规范、创新能力和

辩证思维的培养，以及学生工作技能、未来就业能力的培养等作为重要内容，将高校的教学与对学生的在校支持密切结合，任何时候、任何场合和任何教师都可以对学生进行服务引导，在这个过程中让学生不再是被动地、无服务支持地接受教育。

随着中国经济社会的快速发展和学生成长成才的实际需要，中国高校学生事务管理更需要进一步创新和整合，不仅包括思想政治教育、日常管理、学风建设、学生资助、心理咨询等事务，还包括学业指导、职业指导、素质拓展等工作内容。在学生事务管理工作中，应加强与社会各界和教学工作的沟通与联系，避免出现学生工作与教学科研工作“两张皮”的现象。学生事务管理工作和教学科研工作的互相渗透，能使教学工作真正发挥教书育人的作用，使学生工作在第二课堂自觉服务于教学，并最终形成合力，达到育人的真正目的。

二、强化服务意识，处理好边界与发展问题

英国高校学生事务工作强调以人为本，具有丰富的实践经验，并且有制度保证，各高校在办学理念、章程和办学目标等方面有明确的规定和要求，有系统完善的、为学生成才量身定做的服务方案，具有借鉴意义。我国高校的学生事务管理需进一步更新观念，坚持一切从学生成长成才的需求出发，统筹兼顾并满足广大学生发展的根本利益需求。具体来说，要在课程设置、就业指导、生活环境等各个方面体现学生的主体地位，以调动和激发学生的积极性和创造性，充分发挥学生的主体作用。同时，学生事务管理工作者要在教育、培养、管理、服务的工作中以高度负责的态度和精神，尽心尽力地为学生成长成才服务。

首先是“边界”问题。英国的学生事务系统中，学校开展的任何工作，不管是支持服务还是管理制度，都以尊重学生作为一个成年人的人格独立和法定权利为前提。因此，学生事务管理与个人空间之间存在清晰的边界，学生事务也不会干预需要法律程序处理的事务，从而在公共领域、私人空间和学校的工作范畴之间留出了清晰的边界。英国的

学生支持服务，基本是被动的，同学上门求助，支持服务才启动工作。在访谈中，一位担任兼职舍监的留学生也认为，虽然处理学生事务时，高校学生支持服务各部门是通力合作，共同讨论的，但是部门间的界限、工作人员之间的分工是清晰的，转介是顺畅的。学生出现的问题，该是自己处理的，自己解决；该是学校处理的，学校负责。如果事件本身已经不是学校管辖范围内的事情，则应该指导学生找家长或警察。反观国内，辅导员“过于负责”，工作职责不清晰、边界不明确，做了太多辅导员工作范畴外的事情。学生工作职责过于宽泛，学生工作者忙于事务工作，不利于队伍整体素质的提升。

其次是“发展”问题。诚然，英国高校的学生事务工作人员的工作原则、出发点、内容与我国高校的辅导员并不相同，但毕竟都是在做学生的支持服务工作。英国高校学生事务管理者不乏博士学位获得者，也有在本领域工作了10多年甚至时间更长的人。他们普遍具备较强的专业能力，不管是对于心理咨询还是生涯发展指导，抑或是学习辅导，都有相应的专业背景和很强的实操技能，而且对自己的本职工作十分热爱，似乎也不太在意个人的职业发展和上升通道。他们的定位是为了使学生获得更好的校园体验，而不是举办活动、开办讲座。反观国内，从事辅导员工作的多是年轻教师，大多数拥有足够的热情，能和青年学生打成一片，但专业性不足，培训多停留在理论层面，缺乏实际应用能力。更重要的是，年轻教师自身的发展焦虑影响了他们投入更多的精力在学生身上，甚至有的人做工作的出发点变成了“培养自己”而不是“培养学生”。虽然辅导员的专业化、职业化问题提出了很多年，但至今没有一个很好的解决方案。究其原因，还是要从我国高校的自身环境和文化特质上考虑，即如何才能使辅导员发展得更好，为学生更好地提供服务。

三、加强队伍建设，提升专业化、职业化工作水平

英国高校学生事务服务的专业化、职业化水平令人印象深刻。学

生事务管理的很多工作都有较深厚的研究基础，教职工除了学生的个人导师是由专业教师兼任外，其余所有学生事务部门的工作人员都是专职的，且一般都具有较高的学历和专业素养。如心理咨询中心的老师一般都具有心理学或教育学博士学位，并且都取得了从事心理健康咨询的相关资质。

从职业化角度上说，英国高校学生事务的从业人员都是多年长期从事这项工作的，相比大学教学等其他领域人员，他们具有独立的发展路径、不同的评价体系，长期的职业化有利于工作队伍的稳定化和专家化。另外，在工作人员的选择上注重专业化，如雷丁大学进行就业指导的教师多来源于企业，从事学术咨询的教师由专业教师担任，剑桥大学法学专业的学生可以和有名的律师讨论职业规划等。从这些方面可以看到，高校学生事务各个方面都配备了专业人士，让学生能够得到切实有效的帮助，也让学生对服务的部门有认同感，更有利于凝聚学生、指导学生。

英国学生事务工作者的专业化前提是分工的细化，每个人的工作领域界限清晰。借鉴英国学生事务管理工作队伍建设的经验，可以加强中国高校学生事务管理队伍建设，提升工作水平。要想推进高校辅导员专业化、职业化水平，首先需要在准入阶段做到规范化。如高校学生工作人员入职时就要对相应的专业、学历、工作背景和经验等做出明确规定，在某些特定部门（如心理咨询部门），应要求工作人员具有该行业的相关职业资格，从源头保证队伍的专业性。其次，要加快学生工作队伍培训工作的发展，规范新进人员的入职培训，细化管理内容的分工程度，构建学工队伍发展体系，让每一位学生工作者在某些领域有自己的发展方向和研究兴趣。既要构建横向、纵向相结合的培训体系，同时也要对不同岗位的学生工作人员提供专业性、业务性更强更有深度的培训，并将这种培训持续化，促进学生工作队伍真正走上专业化、职业化发展的道路。最后，要构建学生学工队伍的发展体系，确保在系统内部可得到垂直方向的晋升，如科级辅导员、处级辅导员、讲师辅导员、副教授辅导员等系统内部的晋升，增加学生事务管理工作者的积极性，保证队伍稳定性，确保工作延续性。建立“能进能出”的用人机制，对于不能胜任学生工作岗位，难以达到专业化要求的人员，应通过合理的机制予以淘汰。

四、整合教育资源，探索导师制模式

英国学生事务工作的基本职能是服务和支持，以学生为中心的服务理念贯穿于学生事务的各个环节。表面上看，学生服务是由学生主动提出的，看似是被动的，但总体上整个服务网络是十分完善的，只要学生愿意主动寻求帮助，都会得到相应高效、到位的服务。所以在某种意义上说,这种纵横交错的多样性服务网络本质上是以人为本的主动服务。服务的目的，是为了促进提高学生的能力，真正实现“授人以渔”。学生工作既是服务，也是管理，终极目标是服务于学生的成长成才。如英国高校一直引以为傲的“导师制”，虽然很多高校在近两年进行了变革，但在英国高校学生心目中仍然是有学习或生活中的任何问题都可以去找导师寻求解决。同时也让导师对自己学生的情况有所了解，所以当学生毕业后，会感恩这种人性化的服务。学校同时为学生的学术成长等提供各种支持服务，例如如何撰写论文、数学支持培训等。

在英国学生事务工作中贯穿着“以人为本”的教育理念。大学将学生视为能够独立负责的成年人，相信学生的判断能力，充分尊重学生选择自己生活方式的权利，在此基础之上对学生进行有效引导和管理。对于本科生,英国高校比较普遍的做法是,每个学生有生活导师（tutor）、专业导师（supervisor），另外还有教师（lecture teacher）等。目前我国高校大部分通过班主任、班导师或者辅导员的制度管理学生，可以借鉴英国“个人导师制”模式，结合中国的实情进行适当的引进和创新。

五、坚定工作自信，继续发挥中国特有优势

东西方的差异构建了不同的思维。每种文化都有它的特点和优势。

作为学生事务管理工作者的我们，在优越的社会主义大家庭里，一定可以利用中华传统文化的营养和优势，在所从事的工作中坚定自信，引导学生健康成长。

我国现代高等教育虽然起步较晚，但发展迅速，特别是在20世纪90年代中后期，为满足中国特色社会主义事业建设需要，高校大规模扩招，学生工作在内容上也发生了很大变化。学生事务管理内容可分为学生思想政治教育、班级党团建设、学业指导、日常事务（迎新、毕业、军训、资助、评奖评优、生活指导等）、心理健康教育与咨询、职业规划与就业指导、危机事件应对、网络思想政治教育、大学生创新创业指导等方面。

国内绝大多数高校的学生事务管理架构呈现出“金字塔式”的垂直结构特点，自上而下依次为高校分管学生工作副书记—学校学生工作部门（学工部、学生处，大多为一套班子，两块牌子，体现了学生事务与管理育人的内在要求）—二级院系学生工作副书记—辅导员—学生。这种“科层制”的行政隶属关系，能确保自上而下的政令通畅，保持步调一致。但其弊端就是难以兼顾学生个体自下而上的个性化需求。在学术事务与学生事务的融合上，教务、学工等各部门职责划分造成的“鸽笼式”的天然壁垒，在一定程度上影响了以学生为中心，全员、全程、全方位育人模式的形成。

在管理理念上，与英国强调“个人本位”不同，我国强调“集体本位”，注重社会意识形态的引导，学生管理工作侧重于国家德育工作的要求，培养社会主义事业的建设者和接班人。在管理模式上，我国高校大多偏向于“管理＋教育”导向的模式。这种管理模式从组织的管理效率和学生的行为规范出发，强调组织利益高于个体利益，使用统一的标准的要求管理全体学生，对学生的“限制”有余，而“发展”不足。

比较中英高校学生事务管理，不能简单地停留在学生事务管理若干表象的对比与分析上，盲目借鉴英国高校的某种做法。要在正确认识东西方文化差异的基础上，在充分认识我国基本国情、我国高等教育的根本任务、我国学生事务管理优势的前提下，学习借鉴融合吸收英国学生事务管理的成功经验。特别要注意的是，虽然中英高校学生事务管理都蕴含特有的优势，但应时刻牢记两国高校学生事务管理服务的价值观、教育内涵是不同的，英国高校学生事务管理最终服务于西方文化价值观的灌输，而我国高校学生事务管理要服务于对学生进行思想政治教育的价值目标。因此在做我国高校的学生事务管理工作时，一定要时刻牢记所有的学生事务管理工作都是为开展思想政治教育服务的，万不可“就事论事”，要紧紧围绕“培养什么人、怎样培养人、为谁培养人”这个核心问题，牢记立德树人这个根本任务。倘若失去了“思想政治教育”这一坚守，那所有的学生事务管理工作，不管其队伍多么专业，技术多么先进，模式多么优越，终将是为他人做嫁衣，得不偿失。在中国高校，辅导员这一岗位和角色具有多重功能，必须坚定工作自信和自身文化自信，弘扬中国特有的优势，更好地助推中国高等教育发展。

第二节　高校学生事务管理人员的工作基础

一、树立生本理念，坚持服务至上

英国高校学生事务的工作前提是把学生当作独立的成年人，一切制度的设计都把学生当成学校、教师同等重要的主体对待，非常注重学生平等精神及独立意识的培养。在要求学生个体对自己的学习及行为负责的理念下，学生事务管理部门为学生主体性的发挥提供了充足的条件和平台，对学生的学习生活交际提供需求性服务。随着学生学费近些年的大幅度上涨，为学生提供满意的服务已经成为英国高校管理的主基调，也是学生和家长越来越期待得到的教育回报。英国高校把学生当作客户，而不是纯粹的管理对象，所有的学生服务项目均出于“为学生提供便利”的宗旨。例如心理咨询辅导、学术支持与提高、就业指导等。给人深刻印象的是，雷丁大学对有生理障碍或心理疾病的学生，提供了真正“细致入微”的服务。例如对有视力障碍、听力障碍和读写障碍的残疾学生提供一对一的辅导服务；对有读写困难的学生安排专人负责记笔记，考试期间，对其安排专人现场记录作答，或延长考试时间；对有心理疾病的同学，提供咨询、转介或选修心理课程指导等，无不体现该校对学生“以人为本”的服务理念。

（一）增强服务意识，尊重学生

西方现代社会体制，强调个人的独立性，其民主体制建立在对个体的关怀之上，确保保障每个个体基本的权利。因此，英国高校倡导和贯彻以人为本、以学生为中心的办学理念。以人为本的工作理念体现在日常工作的方方面面，在学生事务管理中充分尊重学生自主选择学习、生活方式，在此基础上对学生进行有效的教育引导和管理服务。尊重学生的各种需要，如学业发展、生涯发展、社会功能的发展等方面，积极为学生创造学习条件，提供高质量的服务，同时也要求学生对自己的学习负责，把发挥学生主体作用作为工作的重点。例如雷丁大学的理事会、校务委员会、学术评议委员会等各级领导管理机构，都设立学生代表席位，以保证学生在学校的领导决策机构中发挥一定作用。再如学生会作为一个独立于学校之外的公益性组织，在影响学校决策、反映学生诉求、维护学生利益方面发挥巨大作用。

始终坚持一切为学生服务的工作理念是英国高校教育的特色，他们认为一所学校的真正主人是学生，因此“一切为了学生，为了一切的学生，为了学生的一切”这个准则深入每一位教职员工的头脑之中。当前国内高等教育的发展，也应从客观上要求高校要改变重管理、轻服务的落后理念，牢固树立“以生为本”的观念，把学生真正放到中心位置。

（二）善于利用资源，及时反思

在服务同学的过程中，除了端正思想外，服务方式对问题的解决也有着莫大的关联。善于利用资源，及时反思是服务方式中较为重要的一环。有调查表明，许多国内的辅导员总是琢磨不透一些学生的行为，在与学生进行沟通时，总是感觉有无形的隔阂，使双方无法推心置腹地表达自己内心真实的想法。久而久之，当学生们遇到烦恼，想要去请教辅导员的时候，便会想“如果辅导员不理解我怎么办？”“辅导员有真正站在我的角度上为我考虑吗？”，以至于只能去找同学或朋友倾诉。所以，在辅导员眼里看似风平浪静的学生，实则已经暗涛汹涌，只是徒有表面上的平静；而若是等到漩涡凝聚成了巨浪，那辅导员再想要去加以控制就没有那么容易了。为了避免这样的情况发生，辅导员需要积极地利用各方面的人力、物力资源，全方位多角度地了解每位学生的成长环境与其心理状态，从而更加有针对性地服务学生。同时辅导员要及时对自身的近期工作情况进行小结，自我反思在学生工作上有哪些地方做得还不够到位，并加以改进，力求突破。自评固然重要，但众评更能直接地体现辅导员的服务是否到位。辅导员除了个人评价，还需要去了解同学们对自身的看法。辅导员可以每隔一段时间就让全体同学对自己的工作情况做出评价，通过学生的反馈及时调整工作方向。

二、加强队伍建设，提升专业水平

（一）规范塑造辅导员队伍

打造一个专业化队伍，应规范学生事务管理团队的整体学历及专业。现阶段国内的辅导员大多为本科或硕士研究生学历，基本没有深入进修学生事务管理或心理健康方面的课程，甚至可能连这方面书籍都没有真正涉猎过，且把大部分精力都放在本身专业上而不是学习辅导教育工作上。这也就导致了在转变为辅导员身份的时候，大部分人要临时来学习相关的知识。并且由于在教育专业方面的知识没有像本专业知识一样经历较长时间的积淀，许多辅导员在面对很多复杂的学生事务管理工作时更多是凭借着以往的生活经验来进行处理，而非运用教育管理专业方面的相关知识。由此可见，队伍专业化建设尤为重要。

（二）加强辅导员思想建设

一些辅导员或许会这样想：“反正带一批学生最多也不过四年，相对于一生来说也没有什么太大的影响。而且就算有，自己能够起到的作用也终究有限，与其去花费大量的时间起到一点微弱的效果，不如得过且过。”这种得过且过的想法使得辅导员工作表面尽力实际不尽心，加之辅导员自身也还要进行各类学习，开展党建工作，这使得他们无暇顾及自己的专业学习。结果是大多数辅导员选择了以专业知识与党建工作为先，想着处理完自己的工作任务后再着手处理学生问题。而辅导员完成自身繁杂工作后疲惫不堪，空闲时间也不多，这就使得他们没有过多精力投入学生事务中。只要学生不产生较大的问题，辅导员就很少甚至不与之接触。久而久之，会导致辅导员与学生之间产生陌生感，仿佛有一堵墙隔在学生与辅导员之间，使双方的交流出现障碍，所以真正当问题出现再去进行交流、磋商和解决的时候，也就没有那么容易了。要想推进我国学生事务管理专业化进程，就必须做好工作者的思想引导和心理疏导，让辅导员时刻铭记自身的使命与责任。

（三）制定教师发展规划

学校的管理阶层制定合理的教师发展规划能够促进教师的成长。关于制定教师专业发展规划，学校应当开设相关提升辅导员能力的培训。例如有关学生就业、学习、考研等咨询，学生自我日常生活管理、心理健康的专业培训。我国专业化事务管理人员配置可以分为学习辅导员、就业辅导员和心理辅导员。学习辅导员的任务为帮助学生解决学习中遇到的问题，开展学习动员会、活动交流等；就业辅导员的任务为了解就业的动态，开展讲座、就业课，组织学生实习等；心理健康辅导员的要求是具有心理学的学科背景，能够帮助学生解决心理问题，进行心理危机干预，定期进行心理健康讲座和心理咨询等。通过不断学习与经验积累，辅导员可以较为轻松地应对一些学生的突发情况。

学校可以设立或是引进一些课程供教师学习，还可以增设一些活动，以提升教师的兴趣。学校还需进一步根据教师个人的优势，针对性地进行培养，使得学生事务管理工作团队能够尽可能满足学生们的不同需求。

三、健全管理机制，加强制度保障

对于高校辅导员这个特定的职业群体，学校应合理制定教师发展规划，完善健全管理机制。下面就管理机制方面，提出以下几点建议。

（一）建立日常导师制

英国导师制度中，导师不仅要为学生提供与学习有关的专业指导，还需要时时刻刻了解学生的学习情况，例如其是否学习困难、学习动力是否充足、上课是否专注、作业完成总体情况以及考试各科分数等，基于学生的日常学习情况还要为其制定出一套学习方案。如果学生遭遇了专业之外的困难，导师也会针对性地提供建议，如果实在处理不了也会推荐学生到学校设立的有关机构部门进行专业的问题处理。所以，英国导师更多是作为学生与学校之间沟通的桥梁，他们给学生提供与学习有关的所有帮助，并且与学业无关的问题也会积极提供有效的建议。英国的个人导师制给我们的高校事务管理提供了参考方案。中国高校可以模仿英国，虽不能让每一个学生都有一对一的老师，但是可以把学生分成多个小队，每个队伍安排一名教师，实行“小队导师制”，通过日常与学生的接触，更好地把握学生的想法，提出的建议也更有价值。

个人导师制能让学校更加充分地了解教师与学生，也对学生在更高层次的学习研究有重要的帮助。如剑桥大学导师的主要工作是在学期开始的迎新周与同学们进行一对一见面，每学期至少还有一次师生一对一的专业指导。在指导的过程中，教师会对学生的生活、学习等各个方面加以技能的强化，并给予自己的专业化建议，以帮助学生全方位提升自己。

（二）构建精细化管理体制

精细化的管理主要是围绕着以人为本的管理观念，细化管理，实现管理效益的最大化以及最优化的现代管理思想。学生工作精细化管理的核心就是要坚持做细、做精、做实的原则，要以人为本，真正瞄准学生各方面的需求。以精心的态度、精准的把握、精致的过程进行细心的教育、辅导和服务，真正把工作做具体、做扎实、做出成效。推进大学生精细化管理是确保把思想政治教育覆盖到教育教学过程，细化到每一个环节，规范到每一个步骤，具体到每个动作，落实到每一个学生事务管理人员的重要保证，是确保思想政治教育更加规范清晰的客观需要，是确保把思想政治教育做精、做细、做实，进一步提升教育的时效性、针对性、吸引力和感染力，促进大学生健康成长成才的有效途径。

四、重视主题研究，增强学术指导

（一）全力打造专业化团队

在我国，专职辅导员的人数近年来也在不断增加，在质量和工作监控方面，更需借鉴国外学生事务专业化发展的经验，在学科建设、辅导员继续教育、改革内部组织结构等方面，积极探索出适合中国国情的发展道路。高校辅导员队伍专业化、职业化问题，一定程度上显现了传统意义上的高校教育工作与现代大学制度之间的碰撞，面对学生成长成才路上的种种问题和发展过程中的合理需求，高校管理工作迫切需要一批在思想政治教育与学生管理领域具有较强专业实践和研究能力的“行家里手”。

专业是“专业化”的前提，同其他职业类型一样，辅导员这一职业也应有明确清晰的专业归属，依托专业学科从而获得自身存在的发展空间，这也直接影响着辅导员的职业认同，关系到辅导员的自我效能感、工作态度和职业稳定性。提高人才培养的质量需要确立专业化、职业化发展的方向，辅导员的政治倾向、职业道德以及对各种社会现象的态度、评论都将直接或间接影响学生的管理工作。英国高校学生事务工作定位清晰、任务明确、工作效率高；相比较而言，我国高校的学生事务包罗万象，这些繁杂的事务更需辅导员充分认识到学生事务的专业性，深入思考研究，向专业化、职业化方向发展。

在中国，辅导员在最开始被定义为“学生们的政治思想引领者”，但由于高等教育改革的不断深化，辅导员的管理者角色不断突显，辅导员们被当成“万金油”，负责引导学生们的学习、思想、生活，甚至是保障学生的人身安全。到了现在，辅导员不仅是学生们的政治思想引领者，更是向着成为学生学习成长的指导者和未来发展的引导者的方向前进。对此，可以参照英国雷丁大学的职业化特点。雷丁大学除了学生的个人导师由专业化的教师兼任之外，其余的学生事务管理部门的工作者均是专职。像在一些部门，比如心理咨询中心、生涯指导中心等事务都比较轻松，他们以所从事的专业不发生变化为前提，在其他机构参与工作或是研究。这样的措施有效地确保了教师的高度专业化，当他们在处理擅长的专业问题时，就会显得十分轻松，问题解决更有效率。

（二）学术与育人紧密联系

中国与英国教学科研人员工作的不同之处体现在个人导师制方面。在英国高校个人导师主要肩负着促进学生发展、监督学生进步的责任，是学生在学校的管理人和联系人，在学校代表受辅导的学生并维护其利益，在他们的能力范围内给学生提供指导和帮助。我国高校院系辅导员承担着学生工作的主要责任，增强育人意识，是辅导员做好教书育人工作的前提。对辅导员来说，致力于学术研究，实现教学与科研的相互促进是其事业追求，工作和科研的压力使得辅导员疏忽对学生育人的教育。“育人为本”的意思是辅导员和学校的一切工作都应以人才培养作为出发点和归宿点，因而辅导员要加强学术工作与育人的联系，对外是建立大学文化，对内要扭转重科研、轻育人的倾向，培养学生的素质和能力，形成科学的人才培养格局，这应成为我国高校学生事务管理变革的一个重要方向。

第三节　高校学生事务管理的扬与弃

我国高等教育处于大众化教育阶段，在较短的时间里实现了量的突破，而在质的提升方面，这些年也得到了快速发展。走进新时代，习近平总书记多次强调高校要把立德树人作为根本任务，要帮助青年学生扣好人生第一粒扣子，新时代学生要围绕理想信念、爱国主义情怀、品德修养、知识见识、奋斗精神、综合素质下好“六项功夫”。当前，教育部针对本科教育提出了三大理念，一是学生中心，着眼于学生的全面发展，尊重学生主体地位，实现从以“教”为中心向以“学”为中心的转变，使教学改革的成果惠及全体学生；二是产出导向，强调教育的“产出”质量，也就是毕业生离校时具备了什么能力，能干什么、会做什么；三是持续改进，建立完善“发现问题—及时反馈—敏捷响应—有效改进”的质量改进循环机制。用创新与坚守，实现教育润物无声的效果。作为学生事务管理工作者，我们应在保持自身文化独立性和自主性的同时，积极同世界其他文化交流对话，在多元文化和谐共生中，展现中华文化的独特魅力。

由于文化与国情的不同，很多英国高校学生事务工作的方式方法在英国卓有成效，在我国进行推广却有一定困难，但这并不影响我国学生事务管理工作者在具体工作中借鉴其理念。综上所述，英国高校学生事务管理的宝贵经验给予我国学生事务管理以新的启示与思路，虽然由于国情不同，我们不能生搬硬套，照搬全抄，但可以吸收其精华部分加以借鉴。同时，我国高校学生工作的优势与特色，也值得英国高校乃至全世界高校学习和借鉴，两国共同交流进步，有助于开创中英高校学生事务管理新局面。

参 考 文 献

[1] 习近平 . 习近平谈治国理政（第二卷）[M]. 北京：外文出版社，2017.

[2] 王洛忠，陈江华 . 服务与支持：英国里丁大学学生事务管理体系探微 [J]. 教育研究，2017，38(02):152~156.

[3] 冯刚，赵锋 . 走进英国高校学生事务管理 [M]. 北京：中国人民大学出版社，2008.

[4] 朱红，李雪凝 . 我国高校学生工作与学生发展的关联性——实证研究发现了什么 [J]. 高等教育研究，2011，32(08):79~85.

[5] 沈炜 . 论学校社会工作嵌入我国高校学生工作的体系构建 [J]. 华东理工大学学报（社会科学版），2012，27(6):26~33.

[6] 冯培 . 中国高校学生事务管理模式创新 [M]. 北京：中国人民大学出版社，2009.

[7] 王增国 . 现代高校学生事务管理理论及案例研究 [M]. 徐州：中国矿业大学出版社，2011.

[8] 童静菊 . 高校学生工作体系研究 基于生本理念的思考 [M]. 武汉：武汉大学出版社，2009.

[9] 刘泰洪 . 中国近代高等教育体制的变迁及反思 [J]. 黑龙江高教研究，2011，202(2):19.

[10] 陈炳 . 论我国高等教育体制的若干问题 [J]. 浙江海洋学院学报（人文科学版），2006，23(1):98.

[11] 毛泽东 . 毛泽东著作选读 [M]. 北京：人民出版社，1986.

[12] 谭秀森，等 . 高校学生教育管理法律问题研究 [M]. 北京：人民出版社，2015.

[13] 道格拉斯・C. 诺思 . 制度、制度变迁与经济绩效 [M]. 杭行，译 . 上海：格致出版社，2008.

[14] Graves F P.An Introduction to the History of Education[M].Hodder and Stoughton.1982:40.

[15] B.R.Clark.Perspectives On Higher Education[M].University of California Press, 1984:10.

[16] 全国人民代表大会常务委员会法制工作委员会 . 中华人民共和国法律汇编 1954—2004[M]. 北京：人民出版社，2004.

[17] 于冠华 . 中英高校学生事务管理比较研究 [M]. 北京：中国财富出版社，2019.

[18] 闫春 . 对英国高校学生工作队伍的分析 [J]. 现代交际（下半月），2015(1):155.

[19] 徐豪 . 英国高校的学生事务管理及启示 [J]. 航海教育研究，2007(3):98~101.

[20] 盛晓娜，王蕴秋 . 中英高校招生制度比较与借鉴 [J]. 外国教育研究，2006(11):51~54.

[21] 赵冬冬，饶先发 . 全国高校优秀高校辅导员给大学生的 100 封信 [M]. 桂林：广西师范大学出版社，2014.

[22] 中国共产党第十七次全国代表大会文件汇编 [M]. 北京：人民出版社，2007.

[23] 马克思，恩格斯 . 马克思恩格斯全集（第 46 卷）[M]. 中共中央马克思恩格斯列宁斯大林著作编译局，编译 . 北京：人民出版社，2016.

[24] Popper K R. 猜想与反驳 科学知识的增长 [M]. 傅季重，等译 . 上海：上海译文出版社，1986.

[25] 贝静红 . 高校辅导员队伍专业化发展研究 [M]. 武汉：武汉大学出版社，2016.

[26] 姜在东，欧阳鹏飞，夏李斌，等 . 青春导航 致大学生的一封信 [M]. 北京：中国铁道出版社，2014.

[27] 高华兵，郭斓，刘晓英 . 新时代下高职院校基层党总支建设工作研究——以某高职院校二级学院党总支为例 [J]. 改革与开放，2019(13):115~117.

[28] 习近平 . 决胜全面建成小康社会夺取新时代中国特色社会主义伟大胜利——在中国共产党第十九次全国代表大会上的报告 [M]. 北京：人民出版社，2017.

[29] 饶先发，刘国权 . 新时代高校辅导员素质能力提升教程 [M]. 南昌：百花洲出版社，2020.

[30] 朱丹,饶先发,王伟江 . 新时代高校辅导员工作室建设指导手册 [M]. 昆明：云南大学出版社，2019.

[31] 饶先发，夏侯照，郭诚君 . 高校青年辅导员职业规划探究——基于工匠精神视角 [J]. 江西理工大学学报，2017，38(6):50~53.

[32] 彭庆红 . 试论高校辅导员队伍的专业化建设 [J]. 北京科技大学学院学报（社会科学版），2007(12):151.

[33] 张廷 . 优化激励机制：实现高校全员育人的重要手段 [J]. 思想教育研究，2012(10):82~85.

[34] 冯刚 . 改革开放以来高校思想政治教育发展史 [M]. 北京：人民出版社，2018.

附　　录

附录 1　英国高等教育制度情况介绍

英国拥有世界上最古老的高等学府。牛津和剑桥大学分别创立于 12 世纪和 13 世纪，为英国乃至世界培养出许多杰出的科学家和政治家。精英大学联盟罗素集团（The Russell Group）素有“英国常春藤联盟”的美誉，其成员包括剑桥大学、牛津大学、帝国理工学院等 24 所英国名校。目前，英国高等教育主要由大学、高等教育学院及部分继续教育学院组织实施。

英国高等教育学历学位的层级按地区分为两个体系。英格兰、威尔士和北爱尔兰高等教育学历体系（Framework for Higher Education Qualifications in England，Wales and Northern Ireland，FHEQ）第 6 级为普通学士学位、荣誉学士学位及相当水平的学历学位资格；第 7 级为硕士学位及相当水平的学历学位资格；第 8 级为博士学位及相当水平的学历学位资格。苏格兰学分和学历体系（The Scottish Credit and Qualifications Framework，SCQF）第 9 级为普通学士学位及相当水平的学历学位资格，第 10 级为荣誉学士学位及相当水平的学历学位资格，第 11 级和 12 级分别为硕士和博士学位及相当水平的学历学位资格。英国学位制度分两级：本科学位和研究生阶段学位。本科阶段主要是第一学位（first degree），即学士学位学习，学制一般为 3 年（苏格兰 4 年，建筑、医学 4~5 年）；硕士学位为过渡学位，一般学制 1 年；博士学位学制 3 年以上。目前全英有约 43%的 18 岁以上的成年人可进入高等院校学习（苏格兰的这一比例稍高些，达 50%）。

全英拥有英国政府承认独立学位授予权的高等教育机构（recognized bodies）共 161 所，其中白金汉大学（University of Buckingham）、摄政大学（Regent's University London）、法律大学（The University of Law）、英博夏尔大学（BPP University）、阿什里奇管理学院（Ashridge Business School）、英国金融国际服务协会财经学校（IFS University College）等 6 所为私立高等教育机构。如按区域划分，英格兰有 134 所，苏格兰有 16 所，威尔士有 9 所，北爱尔兰有 2 所。全英还有 648 所提供完整学位课程但不具备单独学位授予权的“指定机构”（listed bodies），它们可以通过与具有学位授予权的大学合作来使自己的学生获得大学学位。此外，还有一些无法提供完整学位课程的高等教育机构。

英国高等教育质量保障署（QAA）成立于 1997 年，是英国负责监督高等教育质量标准的机构，它负责对申请学位授予权的高校进行审查。高等教育质量保障署制定高等教育质量标准，并组织同行评议，发布评议报告，全面评估高等教育机构的表现，提出改进建议，为学生和公众提供可靠的公共信息来源。高等教育质量保障署实施的高等教育评估旨在保证英国高等教育机构达到基本学术标准。

大学与学院招生服务中心（Universities and Colleges Admissions Service，UCAS）是英国全国大学的统一学生申请机构，几乎所有的英国高等教育机构都是 UCAS 的成员。所有希望在英国接受大学本科教育的学生，包括英国本土学生、欧盟学生和国际学生都要通过 UCAS 来申请学校。

附录 2　英国大学及排名（2020 年泰晤士）

2020 年排名	学校名称	学校英文名	2019 年排名
1	剑桥大学	University of Cambridge	1
2	牛津大学	University of Oxford	2
3	圣安德鲁斯大学	University of St Andrews	3
4	帝国理工学院	Imperial College London	4
5	拉夫堡大学	Lough Borough University	5
6	伦敦政治经济学院	London School of Economics and Political Science	9
7	杜伦大学	Durham University	7
8	兰卡斯特大学	Lancaster University	6
9	伦敦大学学院	University College London	8
10	华威大学	University of Warwick	10
11	巴斯大学	University of Bath	13
12	埃克塞特大学	University of Exeter	12
13	利兹大学	University of Leeds	11
14	伯明翰大学	University of Birmingham	14
15	布里斯托大学	University of Bristol	19
16	格拉斯哥大学	University of Glasgow	17
17	哈珀亚当斯大学	Harper Adams University	33
18	曼彻斯特大学	University of Manchester	19
19	伦敦大学皇家霍洛威学院	Royal Holloway, University of London	24
20	南安普敦大学	University of Southampton	18
21	诺丁汉大学	University of Nottingham	16
22	约克大学（英国）	University of York	22
23	东安格利亚大学	University of East Anglia	15
24	邓迪大学	University of Dundee	27
25	爱丁堡大学	University of Edinburgh	28

续表

2020年排名	学校名称	学校英文名	2019年排名
26	谢菲尔德大学	University of Sheffield	25
27	阿伯丁大学	University of Aberdeen	26
28	纽卡斯尔大学（英国）	Newcastle University	21
29	利物浦大学	University of Liverpool	31
30	伦敦大学国王学院	King's College London	35
31	斯旺西大学	Swansea University	30
32	萨里大学	University of Surrey	23
33	赫瑞瓦特大学	Heriot-Watt University	35
34	卡迪夫大学	Cardiff University	32
35	贝尔法斯特女王大学	Queen's University，Belfast	38
36	斯凯莱德大学	University of Strathclyde	44
37	埃塞克斯大学	University of Essex	29
38=	雷丁大学	University of Reading	40
38=	萨塞克斯大学	University of Sussex	41
40	诺丁汉特伦特大学	Nottingham Trent University	37
41	莱斯特大学	University of Leicester	38
42	创意艺术大学	University for the Creative Arts	33
43	伯恩茅斯艺术学院	Arts University Bournemouth	51
44	伦敦大学亚非学院	SOAS University of London	53
45	阿伯斯威大学	Aberystwyth University	48
46	基尔大学	Keele University	48
47	斯特林大学	University of Stirling	44
48	阿斯顿大学	Aston University	56
49	伦敦大学玛丽女王学院	Queen Mary，University of London	46
50	考文垂大学	Coventry University	46
51	林肯大学（英国）	University of Lincoln	42
52	西伦敦大学	University of West London	83
53	斯塔福德大学	Staffordshire University	57
54	肯特大学	University of Kent	55
55	边山大学	Edge Hill University	59

续表

2020 年排名	学校名称	学校英文名	2019 年排名
56=	朴茨茅斯大学	University of Portsmouth	51
56=	利兹艺术大学	Leeds Arts University	54
58=	阿尔斯特大学	Ulster University	60
58=	西英格兰大学	University of the West of England	58
60	利物浦霍普大学	Liverpool Hope University	50
61	哈德斯菲尔德大学	University of Huddersfield	62
62=	曼彻斯特都会大学	Manchester Metropolitan University	69
62=	诺维奇艺术大学	Norwich University of the Arts	66
64	牛津布鲁克斯大学	Oxford Brookes University	63
65=	诺森比亚大学	Northumbria University	61
65=	谢菲尔德哈莱姆大学	Sheffield Hallam University	67
67	伦敦大学圣乔治学院	St George's，University of London	80
68	伦敦大学金史密斯学院	Goldsmiths，University of London	71
69	罗汉普敦大学	University of Roehampton	70
70	班戈大学	Bangor University	63
71	奇切斯特大学	University of Chichester	94
72	法尔茅斯大学	Falmouth University	84
73	伦敦城市大学	City University of London	68
74	德蒙福特大学	De Montfort University	65
75	中央兰开夏大学	University of Central Lancashire	105
76	普利茅斯大学	Plymouth University	72
77	赫尔大学	University of Hull	103
78	利物浦约翰摩尔斯大学	Liverpool John Moores University	74
79=	伦敦艺术大学	University of the Arts，London	94
79=	切斯特大学	University of Chester	73
81	约克圣约翰大学	York St John University	102
82	玛格丽特女王大学	Queen Margaret University，Edinburgh	97
83	罗伯特戈顿大学	Robert Gordon University	96
84	格林威治大学	University of Greenwich	100
85	圣玛丽大学（英国）	St Mary's University，Twickenham	77

续表

2020年排名	学校名称	学校英文名	2019年排名
86	伦敦南岸大学	London South Bank University	107
87	泰塞德大学	Teesside University	85
88	赫特福德大学	University of Hertfordshire	90
89=	索伦特大学	Solent University	85
89=	皇家农业大学	Royal Agricultural University	115
91	德比大学	University of Derby	75
92=	白金汉大学	University of Buckingham	43
92=	伍斯特大学	University of Worcester	91
94	伯恩茅斯大学	Bournemouth University	78
95	格罗斯特郡大学	University of Gloucestershire	81
96–	伯明翰城市大学	Birmingham City University	87
96=	格拉斯哥卡利多尼亚大学	Glasgow Caledonian University	101
98=	阿伯泰邓迪大学	Abertay University	105
98=	温切斯特大学	University of Winchester	79
100	布鲁内尔大学	Brunel University London	76

注：资料来源：Good University Guide 2020 the Times。

附录3　中国与英国合作的英国研修项目——快克研修班简介

高校学生工作队伍中的辅导员是开展大学生思想政治教育的骨干力量，是高等学校学生日常思想政治教育和管理工作的组织者、实施者、指导者，他们努力成为学生成长成才的人生导师和健康生活的知心朋友。

当前高校学生工作队伍面临着极好的机遇，但同时也需要应对新形势的发展所带来的各种各样的挑战。这要求学生工作队伍把学生工作作为一门科学去研究、去探索、去实践，不断借鉴各个国家的高校学生事务管理经验来探索中国特色社会主义背景下的学生工作。这种有容乃大的开放学习体制始于15年前国家教育部思想政治工作司和国家留学基金管理委员会共同支持的思想政治工作队伍的海外研修班，全称为中国大学行政事务管理培训（Chinese University Administrator Course），简称为快克研修班。

英国研修项目从2005年开始一直到目前还在进行。该项目已进行了17期，每期学员40人左右，合作学校是英国的雷丁大学。该项目的创始人为雷丁大学国家语言文化中心时任主任爱德华教授和李大国博士，目前由雷丁大学国家教育与语言学院的张晓蓉博士负责。

雷丁大学（University of Reading）位于英格兰南部伯克郡，始建于1892年，当时属牛津大学的农学分部，于1926年获得《皇家宪章》授权正式成为独立学位授予大学。雷丁大学是英国1994大学集团前成员，曾于1998年、2005年、2009年、2011年先后4次获得英国女王周年奖。由于其各方面的成就，如今已成为一所集研究和教学于一体的综合大学，位于英国一流大学之列。雷丁大学有近百年招收海外学生的历史，是英国最美的校园之一，大学提供国际预科、本科、硕士、博士等多层次学位教育。

雷丁大学下设15个学院，最著名的是亨利商学院，亨利商学院（Henley Business School）成立于1945年，是同时通过欧洲质量认证体系（EQUIS）、英国工商管理硕士协会（AMBA）和国际高等商学院协会（AACSB）“三重认证”的商学院。全球商学院中仅有60所商学院获此殊荣。

雷丁大学现有约1.7万名学生，其中约7700名是研究生。雷丁大学是一所国际大学，海外学生来自140多个国家。雷丁大学特别重视科研与研究生教育，学校设有43个系，5大学科，近90%科研成果都被认定为达到了国际认可水平（Research Assessment Exercise 2008）。

一、英国研修项目的访学历程

期数	第1期	第2期	第3期	第4期	第5期	第6期
开始时间	2005年秋	2006年秋	2007年秋	2008年春	2008年秋	2009年春
访学期限	3个月	3个月	3个月	3个月	3个月	3个月
期数	第7期	第8期	第9期	第10期	第11期	第12期
开始时间	2009年秋	2010年秋	2011年秋	2012年秋	2013年秋	2014年秋
访学期限	3个月	3个月	3个月	3个月	3个月	3个月
期数	第13期	第14期	第15期	第16期	第17期	……
开始时间	2015年秋	2016年秋	2017年秋	2018年秋	2019年秋	……
访学期限	3个月	3个月	3个月	3个月	3个月	……

二、CUAC班部分访学研修人员名单

CUAC第15期访学研修人员名单

序号	姓　名	学　校	序号	姓　名	学　校
1	王　皓	北京交通大学	3	郭立群	中国农业大学
2	余乙兵	北京工业大学	4	卢振雷	北京林业大学
5	李天罡	北京中医药大学	23	刘有升	福州大学
6	丁煦生	北京科技大学	24	左殿升	齐鲁工业大学

续表

序号	姓　名	学　校	序号	姓　名	学　校
7	岳　洋	北京外国语大学	25	曾　鑫	郑州大学
8	张　阳	北京语言大学	26	彭启智	武汉大学
9	胡　博	中央财经大学	27	许德华	中国地质大学（武汉）
10	王　亚	北京航空航天大学	28	常慕佳	华中农业大学
11	李京霖	天津大学	29	吴成峡	华中师范大学
12	潘　瑞	沈阳建筑大学	30	詹万明	中南财经政法大学
13	董雅致	吉林农业大学	31	曾宪立	桂林电子科技大学
14	张希坤	黑龙江大学	32	吕倜然	海南医学院
15	李　红	同济大学	33	胡　建	西南大学
16	吴　红	河海大学	34	刘　奇	重庆第二师范学院
17	王　昕	南京师范大学	35	李璘来	成都信息工程大学
18	楼　艳	浙江大学	36	周　妍	云南师范大学
19	毛筱媛	浙江工业大学	37	马　福	西安理工大学
20	倪晓玉	中国科学技术大学	38	宋　涛	兰州大学
21	张　婷	安徽大学	39	马　斌	青海师范大学
22	陈泗林	厦门大学	40	郝　鹏	新疆农业大学

CUAC 第 16 期访学研修人员名单

序号	姓　名	学　校	序号	姓　名	学　校
1	白云鹤	中国矿业大学（北京）	6	程　宏	东北大学
2	曹　辉	北京化工大学	7	次仁加措	西藏大学
3	曹　亮	山东青年政治学院	8	崔　强	大连理工大学
4	陈　鑫	北京电子科技学院	9	戴　杰	重庆师范大学
5	陈占权	天津外国语大学	10	邓　宇	清华大学
11	窦余仁	安徽大学	26	施　佳	浙江师范大学
12	方红珊	北京师范大学	27	田卫平	江南大学
13	谷建杰	塔里木大学	28	汪立群	内蒙古师范大学
14	韩国彦	西安交通大学	29	王婷婷	贵州大学
15	何璟莉	郑州大学	30	王银思	燕山大学
16	何　希	华东理工大学	31	熊富强	南京农业大学
17	胡守强	对外经济贸易大学	32	熊小健	上海体育学院

续表

序号	姓　名	学　校	序号	姓　名	学　校
18	黄生亚	上海财经大学	33	许晓卉	西南财经大学
19	李华婷	东华大学	34	闫亮亮	中国石油大学（北京）
20	李小芹	长安大学	35	杨文蕴	湖南大学
21	李　中	南开大学	36	张艳萍	中国政法大学
22	刘　江	河海大学	37	周志慧	中华女子学院
23	门奎英	湖北工业大学	38	资义平	湘潭大学
24	屈媛媛	上海外国语大学	39	周举坤	首都师范大学
25	饶先发	江西理工大学	40	牟承碧	北京邮电大学

CUAC 第 17 期访学研修人员名单

序号	姓　名	学　校	序号	姓　名	学　校
1	王舒圆	北京外国语大学	9	尚　洁	天津大学
2	张　坤	北京语言大学	10	姜玉原	东北大学
3	王丽红	北京科技大学	11	庄雯培	东北林业大学
4	胡　滢	北京交通大学	12	李　梅	上海财经大学
5	李　健	中央财经大学	13	樊　俊	华东理工大学
6	于清海	中国地质大学（北京）	14	王　玲	河海大学
7	李　凌	北京林业大学	15	刚　旭	中国石油大学（华东）
8	李蔓荻	北京中医药大学	16	王　坤	华中师范大学
17	何　苗	四川大学	29	孟祥栋	上海大学
18	黄　海	电子科技大学	30	徐　佳	河南农业大学
19	曲云峰	西北农林科技大学	31	陈小花	广东技术师范大学
20	高　鹏	西安电子科技大学	32	李　蔺	海南师范大学
21	何曼榕	云南大学	33	胡尚峰	四川师范大学
22	冶丽君	青海大学	34	马继刚	西安科技大学
23	郑艳菊	河北大学	35	王玉蛟	西北民族大学
24	郑建锋	防灾科技学院	36	陈国静	喀什大学
25	国　策	大连民族大学	37	张春燕	塔里木大学
26	张宏娜	北京服装学院	38	宋永华	复旦大学
27	邓雅媛	太原理工大学	39	高　韵	武汉大学
28	刘国权	哈尔滨师范大学	40	周　媛	中国矿业大学（北京）

三、CUAC 班部分访学研修人员留影

2018年高校优秀学生工作者出国研修项目(英国)

后　　记

经过一番历练和执着，我的这本书终于收笔。虽然学术价值还需要学界同仁评判，但对我来说，它已成为自己人生中最重要的部分之一。

此时，我的思绪在繁杂纷乱之中闪现出近年来从事学生事务管理工作的酸甜苦辣，在绿树掩映的美丽校园，和学生们一起成长，看他们从青涩走向成熟，跟随众多优秀的学生事务管理工作者探讨经验，进行深入研究……

这本书的思想来源于2018年赴英国雷丁大学访学后的思考和启发。2018年9月至12月期间，非常有幸被选派参加国家留学基金委和教育部高校优秀学生工作者出国研修项目，到英国雷丁大学学习英国的学生事务管理工作。三个月的学习，我对英国高等教育，特别是学生事务管理工作有了一定的了解和熟悉。

赴英国访学前，我就一直在想，作为拥有牛津、剑桥等世界名校的英国教育是怎样的呢。有机会到英国深入了解，着实令人激动。来英国之初，我对一切充满了好奇，很想知道为什么这里的课堂找不到玩手机的学生，学生们总是能全神贯注；很想知道为什么学校的自习室大多座无虚席……在后来的观察和了解中，我逐渐找到了答案。

国外高校的课业压力很大，比如很多时候上课是在讨论，老师启发式的上课模式使学生课后有大量的自学内容和作业，不固定的教材和考试无重点让学生必须大范围阅读。与此同时，每个大学生可能会因为学分的完成情况和完成质量获得不同等级的毕业证书。学业压力如此之大，那他们只学习没有业余生活吗？并不是这样，学生们会根据自己喜欢的内容选择不同的学生社团，大部分社团都与体育项目有关，比如划船、网球、曲棍球、手球、橄榄球等，帮助大学生丰富业余生活的同时也增强体质。

在英国学习的三个月内，我了解了英国大学的组织架构和各种制度，深入了解了英国人的家庭，参加了英国高校的校园开放日、迎新活动、社团招新、招聘会等活动，还听取了英国各类学生事务管理机构，如心理健康中心、学生会组织、生涯与就业等帮辅机构负责人的介绍，对英国的高等教育有了更深刻的感受。

感受之一，中英高等教育的差距在逐渐缩小，中国甚至在某些方面已经超越了英国。虽然英国作为老牌资本主义国家，曾经在高等教育上有着遥遥领先的辉煌历史，但是随着中国教育工作者不断与世界顶级高校的学习交流，开拓创新，不仅将国外的优势吸收融合，同时还将其不断中国化，差距已逐渐消失。虽然我们仍然存在一些问题，但是这些问题并不是单一地在中国出现，英国的教育中也有所体现。举个简单的例子，英国有名的导师制，由个人导师制转化为学术导师制后，这类似于去掉了原来导师所具备的“辅导员”功能，每个大学生仅拥有学业上的导师。这便出现了不少学生管理、心理及资助方面的问题，让工作变得被动。除此之外，学术导师制类似于中国的班主任和班导师制度。但是我所在的英国雷丁大学的导师制并未有对导师职责履行的评价体系，所以导师的好坏完全取决于导师个人的品质。当然，国内高校也存在着类似的问题，我们也一直在探索好的方法来对辅导员进行激励和约束。

感受之二，中国高等教育“以人为本”的特色更为明显。在英国，学校有非常多的机构，如心理健康、生涯发展与就业、学生福利机构等，每个机构都非常专业,服务全校同学。但是这些机构的作用有其局限性，比较被动，同学们出现问题后，先要自我察觉，通过预约才能获得帮助。相比国内高校，学生工作者们通常是通过日常工作的蛛丝马迹主动发觉学生存在的问题，积极主动地关心和引导，帮助学生察觉问题，防微杜渐，以学生为中心，为了学生更好地成长成才，主动地发现问题、解决问题，真正做到了“以人为本”。特别在高等教育的教育费用方面，英国高等教育的高收费让贫困家庭的孩子无法上大学，在英国一周的住宿费就相当于中国一年的住宿费；在英国一年的学费相当于中国15年以上的学费。对于国际学生则更为昂贵，所以社会主义国家对教育更加公平，更能体现社会主义国家对教育的重视和投入。

感受之三，每个国家都有自身国情，我们既要欣赏他国的优点，也要对祖国有充分自信。就像英国有一定优势，也有矛盾突出的地方，比如英国的国家福利非常好，但是也有很多流浪汉露宿街头；比如英国的司机很守交通秩序，但是英国的公共交通既贵且不便捷；比如之前总有人在网上说英国人比中国人更爱读书，地铁上都是看书的人，而中国地铁里都是玩手机的人，那是因为英国的地铁里没有网络信号……所以，不盲目崇拜，要客观看待。他们有他们的光荣，我们也有我们的骄傲，辩证地看待今天的中国和英国，也辩证地看待我们的现在和未来。作为新时代高校思想政治工作者，要扎根中国，融通中外，立足时代，面向未来，坚定不移走中国特色社会主义道路。

这段访学经历弥足珍贵，也非常有意义，不仅提高了我个人对学生事务管理工作的站位，而且对CUAC16班的40名小伙伴而言，都是一次难忘的学习之旅。更重要的是，这段经历让我增强了对中国教育的自信，对学生的教育和引导也更有底气。在此过程中，我体会到了研究的快乐，品尝到了收获的幸福，感受到了精神的充实。我也得到了很多领导、同事和朋友的悉心关切和诚挚勉励，在此我深表感谢。

能够到达现在这阶段性“终点”，并奉上这份答卷，离不开江西理工大学各位领导对我的激励和指导。这本书研究的主题对从事学生事务管理的我来说，仍然是一个艰深的选题，书稿的写作就是把握研究视角、选择研究方法、提高理论水平的过程。校党委书记杨斌教授曾多次指导我主持的“发哥辅导员工作室”的工作开展，提出要及时进行经验总结。校长温和瑞、党委副书记伍自强、副校长李国金为工作室的建设和发展提出了很多建设性的意见，勉励工作室发挥优秀辅导员的示范引领作用，提高工作的针对性和实效性，增强工作的吸引力和感染力，打造独具特色、针对性强、成效显著的工作模式。

感谢一直鼓励和帮助我的CUAC16期40名同学，感谢首都师范大学周举坤、北京电子科技学院陈鑫、湖南大学杨文蕴、北京工业大学廖满媛、泉州师范学院朱应开、扬州职业大学夏晓青等人。没有他们的鼓励和支持，我可能会因为各种原因失去研究的自信与勇气，错失研究的最好时机。从大纲讨论到文稿初成，几易其稿，他们不厌其烦地帮助我理清思路、改正错误，以极其认真的态度帮我修改书稿，大到书稿框架、小到别字格式，都一一指出。工作室的各位老师们也不吝提出自己的见解和想法，如任倩、韩媛媛、尹梦帆、隋明阳、霍曙光、李强、王丹丹、朱健强、韩磊、高存福、于德洋、郭海洋、曾益鹏、郭朝春等老师……感谢这些老师的关心与帮助，使我能够顺利完成书稿的撰写。

深深感谢我的合著者郭斓，她曾在宜春职业技术学院担任团委干事、班主任和专职教师等职务，具有较为丰富的学生事务管理实践经验。

同时，在教育学、政治学和马克思主义理论等领域均有涉略。她在撰稿和校稿过程中付出了巨大的心血。在她的带领下，“发哥辅导员工作室”学生组的成员楼轶韬、罗钰东、廖佳莉、陈皖、何玉环、饶国柱、钟明东、曾嘉宇、邵兆琪、张瑞林、阳玉洁、汪鑫伟、姜哲楷、王英等同学积极参加材料收集、整理和校稿工作。在这里，我对他们的辛勤付出深表感谢！

饶先发

2020 年 8 月